クリスマス・ブック

マルティン・ルター

R・ベイントン編／中村妙子訳

新教出版社

THE

MARTIN LUTHER

CHRISTMAS BOOK

Translated and Arranged by

Roland H. Bainton

Japanese Translation by Taeko Nakamura
Shinkyo Shuppansha Pub. Co.
(Protestant Publishing Co., Ltd.)
Tokyo, Japan

目次

はしがき　R・H・ベイントン　3
受胎告知　15
マリアのエリサベツ訪問　25
降誕　35
羊かいたち　47
ヘロデ　63
博士たち　73
宮もうで　83
あまつ空より〈讃美歌〉　95
訳者あとがき　101

挿絵

「聖家族」 マルティン・ショーンガウアー――3
「受胎告知」 マルティン・ショーンガウアー――15
「マリアのエリサベツ訪問」 アルブレヒト・デューラー――25
「降誕」 マルティン・ショーンガウアー――35
「羊かいたち」 アルブレヒト・デューラー――47
「幼児虐殺」 アルブレヒト・アルトドルファー――63
「博士たちの礼拝」 アルブレヒト・デューラー――73
「エジプト行き」 アルブレヒト・デューラー――83

はしがき

聖　家　族

マルティン・ショーンガウアー
（1430-1491）

牛小屋の天井は崩れかかったゴシック式のアーチ．マリアはひざまずき，ヨセフは14世紀以後の絵によく見られるように，ともしびをかかげている．

このルターのクリスマスについての文章は、降誕《こうたん》についての聖書の記述《きじゅつ》とおなじく、現代に生きるわたしたちのうちにさまざまな感慨《かんがい》をよびおこすでしょう。ある人々は天がうちひらけ、天使の合唱がきこえたこと、ふしぎな星が空にあらわれたことを、今なお信じています。神が人となりたもうたことについて当然感じるはずのおどろきは感じないかも知れませんが、少なくともこの人たちにとっては、クリスマスは根も葉もない伝説ではありません。けれども、ある人々にとっては降誕の記事は一場の美しい、しかし信じがたい物語であって、すでにうせたえた信仰のかすかな余光《よこう》がまつわっているにすぎません。

あるイギリスの文学者は、クリスマス・イヴの真夜なかに感じた気もちを、ちょうどこのように表現しました。この人がふとラジオのスイッチをいれると、アップルウォスの修道士たちのクリスマス・ミサ曲がきこえて来たのです。むかしながらのテーマが古風なことばで歌われていました。

たちまち、あまたの天の軍勢、みつかいにくわわり、神を讃美していう、

いと高きところには栄光、神にあれ。

地には平和……

「じつにユニークな記録だ」とかれは思いました。もしもこれがほんとうなら、「何百年ものあいだ、人類がついに手に入れることのできなかった秘密がことごとくあきらかにされるだろうに」と。けれども、今日どんな知識人が、天がうちひらけ、星があらわれたことを信じられるだろうか？ 伝説は消えてしまった。そして信仰も。「崩壊《ほうかい》の

うしおはもはやとどめようもない」。かれはこう思いました。どんな妥協《だきょう》も、このうしおをおしとどめえない。現代人は荒れさびれた世界を、道案内者もなしに、あてどなくさまようのだ。なにか、新しい信仰に足がかりを見いだすまで、もがきつづけるのだ。キリスト教信仰はとこしえにうしなわれた美へのあこがれをかきたてるにすぎない……。

たぶん、こういった種類の人々はこのルターの本を、「緑の牧場」やニグロ・スピリチュアルと同じ意味でたのしむでしょう。すなわち、いかにも素朴な読みものとして、どんなにりくつっぽい人間でも熱中することができ、面目をうしなうことも、良心にはじることもなしに、信仰へのあこがれにひたることができるという意味で。ルターの世界に足をふみいれる読者もまた、多かれ少なかれ、同じようにせずにはいられないでしょう。たとえこまかい点では同意しかねるにしても。どんなに単純素朴な人でも、神が博士たちをはげますため、またきたえるために、星の光を明るくしたり、消したりなさったというルターの魅力的《みりょくてき》な想像を、正面切って受けいれるわけにはいかないでしょう。けれども、読者はルターがこれだけはどうしても伝えたいと思っているメッセージをしりぞけることなく、かれのゆかいな修飾《しゅうしょく》にほほえんだり、くすくす笑ったりすることができるでしょう。だいたいルターという人は、奇跡《きせき》には、もともとあまり関心をもっていなかったのです。かれはこう言っています。「福音は奇跡というより、むしろおどろきである」と。かれと同時代のほかの人々にくらべるとふしぎなほど、ルターは奇跡に関して沈黙しています。

ルターに先だつ時代は、奇跡や伝説のさかんな時代でありました。イエスの無原罪《むげんざい》をいっそう強調するために、処女降誕《しょじょこうたん》の教義は、マリアの無原罪受胎《むげんざいじゅたい》という教義によって強化されました。生誕《せいたん》のさいにうける汚《けが》れの可能性は、およそ人間的な産みの苦しみや弱さをことごとくのぞき去ることによって、とりはらわれました。この時代には初期の宗教画とちがい、産褥《さんじょく》にふしているマリアではなしに、苦痛のあとかたもなく、ただちにみどりごの前にひざまずいて礼拝しているマリアの姿がえがかれました。マリアばかりか、ヨセフも、牛も、ろばもひざまずきました。ほんとうにキャロルにあるとおり、「雄牛もろばもふしおがみぬ」だったのです。森のけものも敬意を表しに来ました。三《さん》位一体《みいったい》の神をたたえるために、三つの星があらわれました。冬のさなかに「バラが咲《さ》きにおい」ました。受胎《じゅたい》をマリアに告げる天使ガブリエルは、父なる神みずから印したもうた婚姻《こんいん》の契約書《けいやくしょ》をおとめマリアのもとにもたらす姿にえがかれています。中世後期の版画や歌による降誕の図は、こうした例に富んでいます。

　これにくらべると、ルターはずっとじみです。ルターの素朴《そぼく》さはむろん、合理主義《ごうりしゅぎ》からではなく、聖書を重んじる精神から来ています。ルターは聖書に記述されているかぎり、奇跡についてとやかくいいませんでした。けれども聖書に記されているもの以外の奇跡はあまり重んじませんでした。マリアが、ナザレからベツレヘムまでの道をろばに乗ったということは考えられます。しかし、福音書にそう書かれているわけではありません。博士は三人だったかも知れませんが、その人数は三つのおくりものからおしはかっただけのことで、六人いたかも知れないのです。かれらが一月十二日に、ベツレヘムについたということもたしかではありません。メルキオール、カスパル、バルタザールという伝説的な名前にいたっては、ルターは一度もふれていません。

ルターの心をとらえたのは物語のヒューマンな一面であって、奇跡的なそれではありませんでした。このときすでに道は、あるていどルネッサンスによってきりひらかれていたのです。画家たちは聖書の人物を同時代人の姿かたちにえがくことによって、降誕の光景をいっそうしたしみぶかいものにしました。イタリアではおとめマリアはマドンナとなり、御子はバンビノとなりました。博士たちはフィレンツェやヴェネツィアの貴族であり、羊かいはアペニン山脈の山間に住む農夫たちでした。北部ヨーロッパではマリアは、ふくよかな美しさをいささか失っています。フランドル地方やドイツの娘たちをモデルにしたからです。ヨセフや博士たちにしてももっとがっしりした姿にえがかれましたし、御子もふとった、健康そうな赤ん坊になりました。後光《ごこう》が省略《しょうりゃく》される場合もありました。はじめての子を牛小屋でうみおとすまずしい娘の素朴《そぼく》な悲哀《ひあい》が、この本にもおさめられているショーンガウアーやデューラーの版画にしっとりとえがかれています。

ルターも同じような手法を用いました。かれ自身の住むドイツの地方が物語の背景となりました。パレスチナはチューリンゲンにうつされ、ナザレからベツレヘムまでの距離は、ザクセンとフランケンの間のそれとなりました。マリアのいかにもまずしい産褥《さんじょく》の光景をえがくにあたって、ルターはドイツの家庭における出産のさいの場景をまざまざとえがき出しました。けれどもかれの深い人間洞察《どうさつ》は、主として叙述《じょじゅつ》の情緒的な方面にくわえられたのです。マリアの苦悩、ヨセフの不安、博士たちの困惑、ヘロデの邪心《じゃしん》、すべては今日の、たとえばトーマス・マンの小説に見られるようなヒューマン・リアリズムをもってえがき出されています。聖書の主題はまず事実に文字通り忠実であるかどうかということにとんちゃくなく、展開《てんかい》せしめられています。ルターがクリスマスについてどう語っているか、それはすぐれてヒューマンな描写のためだけにでも一読の価値《かち》があります。

しかしもちろん、こういったことが彼のおもな関心事《かんしんじ》だったわけではありません。神がどういうおかたであられるかを理解するにあたって、きわめて重大なあることがベツレヘムの牛小屋でおこったのだと信じている人々、信じたいと思っている人々にとってもこれは同じでしょう。キリスト教は神がキリストにおいて人となりたもうたと教えています。これにくらべれば、どんな奇跡も問題とするに足りません。神が馬ぶねにふしたもうたということさえ信じられるならば、星や天使の合唱はさておいても、信仰をたもちつづけることができます。ここにおいてルターがわたしたちのよき助け手となるのです。かれの信仰はかるがるしいものではなかったのですから。かれは聖書に出て来るクリスマスの登場人物がこの事実を一人残らず信じえたということに、ただもう驚嘆《きょうたん》していります。自分がかれらの立場にあったとしたら、とても信じられなかっただろうにと。ルターは、マリアやヨセフや羊かいや博士たちの心のうちにおこった、「そんなことがあろうはずはない」という気もちを生き生きとえがきだしてみせることができました。それこそ、かれ自身が立ちむかった問題だったのですから。おとめマリアの信仰にくらべるとき、処女降誕《しょじょこうたん》はむしろ小さな奇跡と感じられたのでした。

けれどもある人々は、わたしたち現代人の当面している困難はルターのそれよりもはるかに大きいと感じるでしょう。ルターの場合には新しい科学という形の抵抗《ていこう》はなかったのだからと。それはほんとうです。けれどもわたしたちにとってもっとも大きな障碍《しょうがい》は新旧いずれにしろ科学ではないというルターの見きわめは、けっきょく正しいのです。かれの目から見たとき、もっとも根強い不信は科学的なものではなく、精神的なものだったのでした。問題は神が特別な星を作ることがおできになったか、作ろうと思われたかということではなく、どうしてこの全宇宙《うちゅう》の創造主が、わたしたち人間の形をとり、わたしたちの悲しみをともにわかちたもうほど、人間をかえりみたもうのかということだったのです。神のへりくだりこそ、大きなおどろきであったのです。理性をもってはかり知ることのできないのは、このことだったのです。生れついたままの人間がその本能にしたがうとき、他の人に対してこれほどのことをするでしょうか？　なぜ神が身を低くしてろばのかいばおけにふし、十字架にかかりたもうたのでしょうか？　かいばおけと十字架はルターにとっては、たがいにかけはなれたものではありませんでした。降誕は単なる美しい牧歌《ぼっか》以上のものでありました。汚れのうちに始まり、恐怖のかげを負うていました。ベツレヘムはカルバリを預言《よげん》していました。神がおのれをむなしうしたもうたという事実に立ちむかうとき、現代人もまたルターの態度《たいど》をとらざるをえません。ルターにとっても、わたしたちにとっても、信仰はけっして容易ではありません。またどちらにとっても、不可能ではありません。わたしたちと同じくらい敏感に困難を感じとっていたルターが、しかもなお信じえたということ、このことが不信のわたしたちを助けるでしょう。

降誕についてルターがどう考えていたか、これはこの本の中で三つの形で表現されています。説教と歌とそして美術です。このうち、もっとも大量なのは説教です。ルターは一年に百五十回ないし二百回、説教をしました。日曜には二回から四回、週日にも数回、大学で、あるいは家庭で、子ども、召使、親類、そして寄宿《きしゅく》学生たちを前にして説教をいたしました。クリスマスという主題にかれは、十一月三十日に降臨節《アドヴェント》がはじまってから、三人の王が到着したといわれる一月六日の顕現日《エピファニー》まで、一年のうちおよそ一カ月以上をついやしたのではないでしょうか。この本には、三十年以上の年月の間になされた説教からの抜粋が一貫した叙述をなし、註解をなすように、まとめられています。（いずれも、あるていど要約されたり、おきかえられたり、意訳されたりしていることをお断りしておきます。）

聖夜はまた、歌に表現を見いだしています。ルターはぜんぶでキャロルを五曲作りました。そのうち二つはこの本の中に新たに訳出されています。その一つの最初の一節は九六頁にかかげてあります。もう一つは巻末《かんまつ》に置かれています。「さあ、子どもたち」はきわめて子どもらしいキャロルで、あきらかにルター自身の子どもたちのために作られたものです。一五三五年にはじめて世に出たこの歌は、おそらく前年のクリスマスの作品でしょう。当時ハンスは八歳、レンヘンは五歳でした。これは教会における子どものペイジェントのために書かれたのです。祭壇《さいだん》の前に御子の眠るゆりかごが置かれました。両側にマリアとヨセフがひざまずきました。合唱隊員の一人が天使となって、つぎのように高らかに歌いました。

あまつ空より地にくだり、
うれしい知らせ、つたえましょう。

いっぽう、羊かいと子どもたちは内陣《ないじん》の階段《かいだん》のすぐ下に立っていました。「さあ、ごらんなさい、子どもたち」という言葉ではじまる一節がおわると、子どもたちがいっせいに歌いだすのです。

ほんとうかしら、うれしいな、
ぼくらもいっしょに出かけよう。

こうして歌いながら進み出て、ゆりかごをかこみ、みどりごイエスをたたえて、「ぼくのお客に」というあとの諸節《しょせつ》を斉唱《せいしょう》します。最後のくだりは天使、羊かい、子どもたちならびに全会衆《ぜんかいしゅう》によって歌われます。ルターは音楽にも造詣《ぞうけい》が深く、みずから作詞し、これに自分の作曲をそえたり、古いメロディーを適当に編曲《へんきょく》したりしました。

読者はあのポピュラーな「神のお子のエスさまは」がこの本におさめられていないのをふしぎに思われるでしょう。讃美歌集、詩選集《しせんしゅう》の中ではこれがしばしばマルティン・ルター作とされ、ルター家のクリスマスツリーのこと、小さなハンスが歌を作ってほしいと父親にせがんだいきさつまで、しばしばまことしやかにつたえられています。この言いつたえは二重に不正確《ふせいかく》です。ツリーはルターの時代のドイツではまだクリスマスにつきものの飾りとなってはいませんでしたし、「神のお子の」はルター生誕《せいたん》四百年の記念日に関連《かんれん》して、ペンシルヴァニアで作られたものだったのですから。この歌は一八八四年に英語で印刷《いんさつ》されています。そのドイツ語版のもっとも早いものは一九三四年にようやくおおやけにされているのですし、そのうえ、あきらかに英語からの翻訳《ほんやく》です。けれども伝説というものには固有の美しさがあると同時に、真実《しんじつ》もふくまれていないわけではありません。アメリカのキャロル中一番ひろく愛されているこの歌がルターの作とされているということは、クリスマスという主題《しゅだい》に対するかれの深い愛、悲哀《ひあい》のこもる、素朴《そぼく》でこまやかな思いにささげられた、尊敬《そんけい》と愛情のしるしでしょう。

クリスマスについてのルターの思想の表現にあたって用いられたもう一つの手段は、美術です。これについては、画家たちの助けをあおぎました。画家の絵筆や、版画家の彫刻刀《ちょうこくとう》をふるうことこそしませんでしたが、ルター自身、自分の著書のさしえに大きな関心を示し、画家にいろいろな指示《しじ》をあたえました。けれどもふしぎなことに、ルターがあんなにもこのんで語った降誕を主題にした絵は、かれの著書の中にはあまり見いだされません。そこでかれが訳した聖書をかざる、五百あまりの版画のうちにいくつかありはしないかということが、当然考えられるわけですが、この中にも降誕をあつかったものはたった一つ、エゼキエル書のタイトルページを飾《かざ》るヴィネットがあるばかりです。かれの出版者たちはどうしてデューラー、ショーンガウアー、クラーナハ、アルトドルファー、ホルバインらの作品の助けをかりなかったのでしょうか？　おそらくこの時代、聖書のさしえは慣習化《かんしゅうか》していたのでしょう。十五世紀後半から十六世紀初期にかけてのドイツ語の聖書は旧約《きゅうやく》と黙示録《もくしろく》にはたくさんのさしえがはさまれていますが、新約《しんやく》ののこる部分には、ただ福音書記者の印章と、使徒パウロの頭文字《かしらもじ》のほかは、およそさしえが見あたらないのです。ルターの出版者たちもかれの生前には、この慣習《かんしゅう》のわくの外に出ませんでした。ルターの死後、一五六〇年にいたって、ルターが言葉をもって織《お》りなしたいきいきした絵に、かれの弟子のファイト・ディートリッヒが表現をあたえ、このとき出たルター訳の聖書は、福音書にもふんだんにさしえをいれて編集《へんしゅう》されました。けれども残念なことに、言葉と絵の提携《ていけい》は両者がそれぞれ完成の域に達していた時代には実現せず、ルターとデューラーを一冊の書物のうちに見いだすことはできませんでした。わたしは本書において、原語《げんご》のたぐいまれな香気をつたえることはできないまでも、言葉と絵の提携《ていけい》をなんとか実現《じつげん》したいとつとめました。

ここにおさめられた説教をもとの形でよみたいと思われる読者は、ヴァイマル版のルター著作集《ちょさくしゅう》第二十二巻におさめられている福音書を主題とする説教の目次を参照《さんしょう》されるとよいでしょう。版画はつぎのものからとりました。

Max Lehrs, ed., "Martin Schongauer," *Graphische Gesellschaft* V (Berlin, 1914), Plates II, III, IV.

Willy Kurth, ed., *The Complete Woodcuts of Albrecht Dürer*, (London, 1927), Nos. 182, 183, 185, 187, 219.

Johannes Luther, *Die Titeleinfassungen der Reformationszeit* (Leipzig, 1909). 九五頁の図版は Lieferung 1, No. 16.

Georg Jacob Wolf, "Albrecht Altdorfer," *Künstlermonografien* CXV (Bielefeld & Leipzig, 1925).

受胎告知

受胎告知

マルティン・ショーンガウアー

（1430–1491）

上方に父なる神がいまし，聖霊——いと高きものの力——がはとの形をとってマリアに近づこうとしている．百合の花は純潔のしるし．

主イエス・キリストの血すじにつらなる先祖たちを、マタイは三つのグループに分けています。十四人の族長《ぞくちょう》、十四人の王、そして十四人の王族です。列王紀を読めばわかりますが、このあとのグループの中には、好ましくない人々がたくさんまじっていました。女性の顔ぶれもまたかんばしいものではありませんでした。主が、罪人のもとにつかわされたのだということ、あえて罪人から生れたもうたのだということをわたしたちがさとるように、神はこの罪人のむれをうつした鏡《かがみ》を、わたしたちの前にさし出しておいでになるのです。

主の宣教《せんきょう》の道すじは、主イエスに先立って生れた先駆者《せんくしゃ》バプテスマのヨハネによって開かれました。ヨハネの父親はザカリアといい、母はエリサベツといっておとめマリアの親戚《しんせき》にあたりました。ザカリアは一年に一度だけ祭事をつかさどる身分の高い祭司《さいし》ではなく、神殿に二週間、連日仕える下級《かきゅう》の祭司《さいし》でした。この期間には妻や家族と離れて暮し、人々が外で祈る間、朝な夕な神殿のともしびをたやさないように心しました。

このザカリアに天使ガブリエルが現われて、その妻がやがて男の子を生むということを告げ、この子は主のみ前に大いなる者ととなえられるであろうと語ったのでした。この子は葡萄酒《ぶどうしゅ》その他強い酒を飲まないだろう、かれはこうも言いました。告げられるべきことはこれだけでじゅうぶんだったのでしょうか？　この子が後に皮の帯をしめ、いなごをかてとするようになる、というようなことは一言も言われませんでした。夜を徹《てつ》してのその修業、野宿、間断《かんだん》のない祈り、ほどこしなどについて、どうしてひとこともこのべられなかったのでしょうか？　修道士たちは声を大きくしてこの一節に注意をうながしますが、葡萄酒《ぶどうしゅ》を一滴《てき》も飲まないという点ではかれらはバプテスマのヨハネにならってはいないようですし、いなごがイタリアの蛙やドイツのかにと同様、そのころでも一種風変《ふうがわ》りな食物であったのだということにも心づいてはいないのです。どうしてヨハネがそんなものを食べたのか、これはちょっとわたしにもわかりません。人々の注意をひきたかったのかもしれません。天使はさらに、ヨハネは多くのイスラエルの子らを主にむかわせるだろうと言いました。すなわち、かれらをキリストのみもとにつれて来る者である、と。かれは先駆者《せんくしゃ》たるべき人でした。

おなじ天使が、いっそうおどろくべき知らせをのべつたえるために、マリアのもとにつかわされました。この天使はガブリエルとよばれていたようです。ガブリエルとは力という意味です。このガブリエルは天使のむれの指揮官としてつるぎを託せられ、いと高き神の軍勢の元帥《げんすい》格でありました。一千の天使がその指揮下にあり、その輝きは百の太陽よりもまぶしいほどでした。もしも神のみ前にあるときのような威厳《いげん》をもって天使がわたしたちに語りかけるなら、わたしたちはとうてい、その光景を正視できないでしょう。天使とは「使《つかい》」という意味です。主天使ガブリエルは、マリアのもとをおとずれるのに先だってザカリアに神のお告げをもたらす役目を託せられていました。どうして神はそうした仕事に天使たちをお使いにならねばならなかったのでしょうか？　エルサレムの祭司《さいし》や預言者《よげんしゃ》、あるいはナザレの説教者のうちに適当な使者を見いだすことがおできにならなかったのでしょうか？　あまつみ国の力あるつかさたちでありながら、天使たちは使者として用いられることを恥としませんでした。天使ガブリエルは、いやしいおとめのもとにみ告げをもたらすという使い走りの役目を、喜んでお受けしました。天国の栄光《えいこう》をなげうって、彼女の前にただの美しい若者の姿を取って現われたのでした。

おとめの名はマリアといいました。ヘブライ語ではミリアム、「にがい没薬《もつやく》」という意味です。どうしてこう名づけられたのかはわかりませんが、ユダヤ人は子どもの命名にあたってその子の誕生時の事情《じじょう》を考慮《こうりょ》に入れる習慣をもっていました。キリストが来たりたもうた時、ユダヤ人はまたしても苦しい貧しい境遇《きょうぐう》になやんでいました。しいたげられふみにじられて、ちょうど今日のわたしどものようにみじめな境涯《きょうがい》にありました。すべての人々によってにがい涙が流されたのは当然のことでした。

このしいたげられた人々のうちでも、マリアはもっともいやしい者の一人でした。首府エルサレムの高貴なおとめではなく、小さな町の庶民《しょみん》の娘でした。かの女になんらきわだったところがなかったことは、「このいやしい女をさえ、心にかけてくださいました」というかの女の歌からも察せられます。かの女の父親のヨアヒムと母親のアンナが当時生きていたかどうか、誰にわかりましょう？　マリアはみなしごだったかもしれないのです。また両親が裕福《ゆうふく》で遺産を三つにわかち、一つは教会に、一つは貧者に、のこりをマリアにのこしたという伝説にもいささかの根拠《こんきょ》もありません。ナザレの村におけるかの女はただの平凡な娘であって、家畜の世話や家事にたずさわり、定められた仕事をする今日のお手伝いのように、およそ重きをなさない存在でした。年のころはたぶん十三歳から十五歳の間だったと思われます。

ところが、神はじつにこの娘をおえらびになったのでした。エルサレムにおもむいて、金糸のぬいをした衣をまとい、多くの侍女《じじょ》にかしずかれている裕福《ゆうふく》なカヤパの娘をおえらびになることもできたでしょうに、へんぴな町の身分のひくい娘がえらばれたのでした。

天使があらわれたとき、マリアはたぶん家事にいそしんでいたでしょう。天使は人があたえられた仕事につき、さだめられた役目をはたしているときに、このんであらわれます。羊の番をしている羊かいのもとに、脱穀《だっこく》をしているギデオンに、畑にいたサムソンの母のもとに。けれどもいたって信心ぶかいマリアのことですから、人知れずイスラエルの救いのために祈っていたということも考えられます。祈っている人のもとにも、天使はしばしばあらわれるものですから。

天使はマリアにあいさつしてよびかけました。「マリアよ、めぐみにみたされたひとよ」と。ここではラテン語訳が不幸にもドイツ語にそのまま直訳《ちょくやく》されています。これはドイツ語としてどうでしょうか？ 「めぐみにみたされたひとよ」などとあいさつするドイツ人があるでしょうか？ 金貨にみたされた財布《さいふ》というなら話がわかります。しかし、めぐみにみたされた娘とは、いったいどういう意味だったのでしょう。わたしはここを、「めぐまれたひとよ」と訳《やく》してみました。けれどもドイツ語らしいドイツ語にしろというならむしろ、「神のみめぐみがあなたにありますように、マリアよ――リーベ・マリア」と書きたいところでした。ドイツ人なら誰でもこのリーベという言葉が人の魂《たましい》の底からの呼びかけであることがわかるでしょうから。

「マリアよ」と天使は言いました。「主があなたとともにいましたまいます。女性として、あなたはまことに祝福《しゅくふく》されたひとです」と。相手が天使であるということにマリアがすぐに気づいたかどうか、それはわかりません。ルカによれば、どうやらわからなかったようです。彼女は天使の姿を見たためではなく、その言葉を聞いて当惑《とうわく》したと書いてあります。それは実におどろくべき言葉でした。「マリアよ、あなたは祝福されたひとです。めぐみ深い神さまがあなたとともにおいでになります。かくも深いめぐみは、これまでいかなる女性にも示されたことがありませんでした。あなたは女性のうちの女王です」。あわれな娘はこの言葉におどろきあきれて、ぼんやりしてしまいました。すると天使はかの女を慰《なぐさ》めて申しました。「おそれることはありません、マリアよ。あなたは神さまから恵《めぐ》みをいただいたのです。あなたはみごもって男の子を生むでしょう。その子をイエスと名づけなさい。かれは大いなる者となり、いと高き者の子ととなえられるでしょう。主なる神は彼に先祖《せんぞ》ダビデの王座をお与えになります。かれはとこしえにヤコブの家を支配し、その王国は限《かぎ》りなくつづくでしょう」。

貧しい娘におどろくべき御告げがくだったのです。あなたはいと高き者の母となる、その子の名は神の子とよばれるだろう、かれは王となり、その王国はとこしえにつづくだろう、天使はこう言いました。やがて自分から生れるみどりごがそうした役割《やくわり》をはたす者だと信ずるには、たいへんな信仰を必要とします。マリアが「この虫けらのようなわたしから、王様が生れるなんて、いったいどういうことでございましょう？」と答えたのももっともでありました。うたがったとしてもむりはなかったのです。かの女はしかし、目をとじて、たとえ常識《じょうしき》に反《はん》することであっても、神にはおできにならないことはないのだと、ひたすらに信頼《しんらい》しました。このかの女の信仰のゆえに、神はかの女の上にみことばを成就《じょうじゅ》してくださったのです。そうです。最初は心さわぎ、こうたずねました。「どうしてそんなことがありましょう、わたしにはまだ夫がありませんのに」と。かの女はいかにも人間らしい血のかよったおとめだったのです。そこで天使はこう力づけました。「聖霊《せいれい》があなたにのぞみ、いと高き者の力があなたをおおうでしょう。それゆえに生れ出る聖なるものは、神の子ととなえられるでしょう」と。

降誕の記述をわたしたちは心して読み、静かに考えなければなりません。もしもその静かな思いが、わたしたちの心深くしみこんで行かなければ、甘美《かんび》な気持など、とうてい感じられないでしょう。また人間にとってどんな慰《なぐさ》めがこの思いのうちにあるか、けっしてさとることはできないでしょう。心は笑わず、たのしまないでしょう。小枝が深い海の底にとどかないように、単なる瞑想《めいそう》だけでは心はしずまりません。けれどもこの降誕の事実はゆたかな、よきものにみちみちていますから、もしもわたしたちが見る目をもち、この事実を深い意味で理解《りかい》するならば、つきせぬ喜びにひたることができるにちがいありません。ですから聖ベルナルドゥスは、ここには三つの奇跡があると申しました。このみどりごのうちに神と人とがむすびあわされているという奇跡、母性がおとめたるを失わないという奇跡、最後におのれのうちにこのような神秘《しんぴ》が行われることを信ずるだけ、強い信仰をマリアがもっていたという奇跡。この最後の奇跡は、前の二つにくらべて、けっしておとるものではありません。処女降誕《しょじょこうたん》は神にとってはごくささやかな奇跡です。神が人となりたもうたということ、これこそ、はるかに大いなる奇跡なのです。いっそうおどろくべきことは、ほかならぬ自分が神の母たるべく選ばれるという御告げを、このおとめが信じたということです。たしかにかの女は天使にたずねています。「どうしてそんなことがありえましょう？」と。天使は答えました。「マリアよ、その問いにはわたしは答えかねます。けれども聖霊《せいれい》があなたに下り、いと高きものの力があなたをおおうのです。事がどのようにしておこるか、あなた自身にもわからないでしょう」と。もしもマリアが信じなかったならば、主をやどすことはできなかったでしょう。かの女は天使の言葉をひたすら信じました。新しい人間となったからです。これとまったく同じように、わたしたちも日に日に作り変えられ、新たなものとならなければなりません。そうでなければ、キリストの降誕はむなしくなってしまうでしょう。預言者は言いました。「ひとりのみどりごがわれわれのために生れた。ひとりの男の子がわれわれに与えられた」（イザヤ書九・六）と。わたしたちにとって一番むずかしいのはこの点です。主が処女《しょじょ》から、神御自身から生れたもうたということよりも、この神の子がわたしたちのものであると信ずることの方がずっとむずかしいのです。この点にわたしたちはひるむのです。けれどもこの事実をひしひしと感ずることのできる人は新たに作られた人間です。神がみどりごをおとめの膝《ひざ》の上に置きたもうたということ、わたしたちの祝福《しゅくふく》のすべてがかれのうちにあるということ、これはまことにすばらしいことです。しかもこの御子はすべての人類のものなのです。神はマリアの胸にやすらうこのみどりごを通じて全世界をはぐくみたもうのです。キリストの形に変えられること、この食物によってはぐくまれること、これがわたしたちの日ごとの実践《じっせん》でなければなりません。このときはじめて心は喜びにみちあふれ、いかなる敵の攻撃にも、強く大胆《だいたん》に立ちむかいうるでしょう。

マリアのエリサベツ訪問

マリアのエリサベツ訪問

アルブレヒト・デューラー
(1471-1528)

遠近法をデューラーがいかにたくみに用いたかを示すすぐれた実例．ルター派に改宗する以前には，デューラーはときとして主題よりもテクニックに関心を示した．

天使ガブリエルは、マリアにむかって、かの女がおとめのままで母となるであろうと告げ知らせたのちに、ほとんど同じくらい、信じがたい知らせを一つつたえました。すなわち、その親族《しんぞく》にあたるエリサベツが老年にもかかわらず、すでにみごもって六月になるという知らせです。マリアは立ちあがって、「大急ぎで山里を通って、ユダの町に行き、ザカリアの家にはいってエリサベツにあいさつ」しました。

マリアは山里を通って行ったのです。平地の旅ではありませんでした。まる三日はたっぷりかかったでしょう。その旅の目的地がどういう土地であったのか、正確に知ることはできません。ザカリアは祭司《さいし》ではありましたが、エルサレムに住居をもうける必要はなかったのです。彼は貧しい祭司でしたから、妻のエリサベツにしても、マリアよりきわだって地位の高い女性ではなかったわけです。

福音書記者のルカは、「大急ぎで」という言葉をとくにさしはさんでいます。マリアがわれわれの周囲《しゅうい》の娘たち妻たちのように数歩ごとに立ち止ってむだ話をしたりしなかったということを、かれは強調したかったのです。かれは女たちが世間話を好んでいることをよく知っていましたし、かの女たちがマリアの例から自分を正当化することがないようにと考えたのでした。

ルカは、マリアは、女主人の言いつけのほかは何も見ず、何も聞かない従順《じゅうじゅん》なはしためのようだった、またあちこちでむだ話に時をついやしたりしないまめやかな主婦のようだった、と言いたかったのです。主の母は噂話《うわさ》を好むたちの女性ではありませんでした。世の婦人たちには、「どうして遠出をしてはいけないのでしょう？　マリアだって山国を旅したではありませんか、おとめの身でありながら」などと言う権利《けんり》はないのです。そうです。マリアは天使の命令を聞きました。だから、大急ぎで出かけたのでした。好き勝手にふるまえなどという命令を、あなたがたは受けていないのです。マリアのうちには信仰と愛と謙遜《けんそん》があふれていました。親族《しんぞく》のエリサベツがみごもっていると聞くと、行ってその顔を見るまでは心が安まらなかったのでした。かの女は喜びと愛と謙虚《けんきょ》な思いにみたされて出かけました。けれどもまず天使の言葉があったから、それを信じたから出かけたのでした。聖書には次のように書かれています。「エリサベツがマリアのあいさつを聞いたとき、その子が胎内《たいない》でおどった。エリサベツは聖霊《せいれい》にみたされ、声高く叫んで言った、『あなたは女の中でまことに祝福されたかた』」と。マリアは歌い出しました。この歌はマグニフィカート（頌《しょう》）と呼ばれています。次の言葉で始まっているからです。「わたしの魂《たましい》は主をあがめ、わたしの霊は救《すく》い主《ぬし》なる神をたたえます。このいやしい女を、心にかけて下さったからです」と。

マリアはその汚《けが》れなき処女性《しょじょせい》でなく、そのいやしい身の上をこそ誇ったのであるという人々は、マリアを誤解《ごかい》しています。マリアはそのどちらをも誇りとしませんでした。ただ神のめぐみあふれる顧《かえり》みを誇ったのでした。「いやしさ」でなく、「神が心にかけて下さった」というところが強調されねばならないのです。ほめたたえらるべきものはかの女の「いやしさ」ではなく、神の顧《かえり》みだったのです。それはちょうど王侯が乞食に手を与えるときのようです。乞食のいやしさでなく、王侯のめぐみ深さ、親切さがたたえられねばならないのです。よこしまな目は、謙遜《けんそん》のむくいと結果にしか関心がありませんが、ほんとうに謙遜《けんそん》な人は、結果には目もくれません。真の謙遜はそれみずからを知らないのです。もし知っているとすれば、謙遜の美徳を誇らざるをえないでしょうから。

マリアの歌はつづきます。「今からのち代々の人々は、わたしをさいわいな女と言うでしょう、力あるかたが、わたしに大きなことをしてくださったからです。そのみ名はきよく、そのあわれみは代々限りなく、主をかしこみ恐れる者に及びます。主はみ腕をもって力をふるい、心の思いのおごり高ぶる者を追い散らし、権力《けんりょく》あるものを王座から引きおろし、いやしい者をひき上げます」。

神は信心ぶかい人々がなすところなくしいたげられるのを黙って見ていらっしゃるかのようです。かれらは誰の目にも力つきはてたと見えます。しかし、まさにその瞬間《しゅんかん》に、神は人知れずかれらにしたしく臨《のぞ》みたもうのです。人の力がくじけついえたときに、神の御力の時が始まるのです。ただ信仰があるならば、信仰によって待ち望むならば。ひとたび圧制《あっせい》がおわりを告げるとき、この弱さの下にどんなにおどろくべき力がひそんでいるか、人ははじめて悟るでしょう。十字架上のキリストもまた、まさにそのように無力でありたまいました。しかもなおキリストはこの十字架上においてもっとも力強くましまし、罪と死、この世と地獄《じごく》、悪魔とすべての邪悪《じゃあく》にうち勝ちたもうたのでした。

マリアの歌はなおつづきます。「神は飢《う》えている者を良いもので飽《あ》かせ、富んでいる者を空腹のまま帰らせなさいます。主は、あわれみをお忘れにならず、その僕《しもべ》イスラエルを助けて下さいました。わたしたちの父祖《ふそ》アブラハムとその子孫《しそん》とをとこしえにあわれむと約束なさったとおりに」。

あなたがたは窮乏《きゅうぼう》のさなかの飢《う》えがどんなにむごたらしいものか、感じる必要があります。飢《う》えと欠乏《けつぼう》がいかなるものであるかを経験する必要があります。どこに救いを求めたらよいのか、まるでわからず、自分にも、またほかの誰にも頼ることができず、ただ神さまに頼りまつるほかはないという思いをしなければならないのです。そうすれば、すべてはただ神のみのよくなしたもうところだということがわかるでしょう。いやしい境涯《きょうがい》についてただ考えたり語ったりするだけでなく、その中に入り、ひたり、手も足も出ない状態《じょうたい》におちいることです。そうすれば、ただ神のみがあなたがたをそこから救い出して下さるということがわかるでしょう。たとえそんな境遇におちいらないにしても、少なくともそれを願い、それをおそれないように心すべきです。このためにわたしたちはクリスチャンとなり、福音を与えられているのですから。すなわちわたしたちがどんなに苦しみのつきまとういやしい境涯《きょうがい》におちても、神はその境涯を通じてわたしたちのうちに、みわざを成就《じょうじゅ》したもうのです。

マリアはエリサベツの家に三ヵ月ほど滞在したのちに、わが家に帰りました。

マリアがどんなに純粋《じゅんすい》にすべてを神におゆだねしたか、いかなるてがらもほまれもよきこえも、自分のためにはなに一つとして主張しなかったかをごらんなさい。かの女の行動はこれらすべてがかの女のものでなかった以前と、いささかもかわりませんでした。ほまれを求めることをせず、おごらず、たかぶらず、神の母であると声高く宣伝《せんでん》することもなく、家にはいって以前とまったくおなじようにふるまいました。牛の乳をしぼり、料理をし、やかんをみがき、ただのはしためか、主婦のように、もっともいやしい仕事にしたがいました。このおどろくべきたまものと恵みが一つとして自分のものでないかのように。ほかの女たち、隣人たちの間にあって、彼女は以前にくらべて格別《かくべつ》に尊重《そんちょう》されることもなく、これを求めもしませんでした。もっともいやしい人々のうちに数えられる貧しい女にすぎませんでした。マリアの心ばえはなんと素朴《そぼく》で純粋《じゅんすい》だったのでしょう！　なんというおどろくべき人となりでしょう！　そのいやしさのかげになんという強さが隠されていたことでしょう！　かの女と顔を合わせ、話をかわし、いっしょにしばらくのときをすごした人々、おそらくはかの女を見下げていた人々の多くは、この事実を知ったら、深く恥《は》じ入らずにはいられなかったでしょう。

帰郷《ききょう》後、神はかの女をきびしい試煉《しれん》におあわせになりました。かの女はヨセフという名の男といいなずけの間がらでしたが、「まだともに住まわないうちに、聖霊によって身重《みおも》に」なりました。聖書にはこう書いてあります。「ヨセフは正しい人であったので、彼女のことが公《おおやけ》となることを好まず、ひそかに離縁《りえん》しようと決心した。かれがこのことを思いめぐらしていたとき、主の使が夢に現れて言った。『ダビデの子ヨセフよ、心配しないでマリアを妻として迎えるがよい』」と。

この記事から、マリアが父親も母親もない貧しいみなしごで、およそ十四歳ほどであったことがわかります。ヨセフはかの女をあわれんで、かの女がひとりよるべない身とならないように、かの女と婚約《こんやく》したのでした。もしもかの女に両親があったなら、夫と住むよりは彼らとともに住んだでしょう。かの女は花嫁《はなよめ》ではありましたが、まだヨセフのもとに行ってともに住むことをせず、依然《いぜん》としておとめの衣をまとっていました。さてヨセフは、かの女を妻としてめとるつもりでいましたから、かの女が身重《みおも》になっていることに気づくと、ひじょうに煩悶《はんもん》しました。かの女はすぐる三カ月をエリサベツのもとでおくっています。いまわしい疑念《ぎねん》のきざすのはいたしかたのないことでした。もしもこんなことが、あなたやわたしの身におこったら、わたしたちはどう考えたでしょうか？「たとえ王女でもあんな女はまっぴらだ」。そう言うにちがいありません。もしもヨセフがおきてを文字どおりふみ行うことを望む男であったなら、かの女を非難したでしょう。その結果、かの女は石でうたれてあわれな死をとげたでしょう。花むこに疑われてすてられるということは、マリアのいたましい十字架でありました。ヨセフが「ひそかに」離縁の決心をかためたと、マタイはとくに記しております。ヨセフは考えたのです。「あわれな娘だ。わたしがこのことを明らかにすれば、ますますむごたらしいことになるだろう」と。かの女にあいそをつかしながらも、ヨセフはかの女にとって不利な裁判ざたを望みませんでした。しかしあらゆる預言者のたたえるこのきよきおとめは、かの女自身の夫によってじだらくな女と思われたのでした。このきよきおとめは、ほまれを受けるに先だってまずはずかしめを受けなければなりませんでした。夫にあいそをつかされ、死の危険にさらされ、しかも身重《みおも》でした。けれども神はすべてみ名をよぶ者の声に耳をかたむけてくださいます。天使が天からくだってヨセフに申しました。「心配しないでよろしい。不名誉《ふめいよ》なこと、恥ずかしいことは何一つないのだから。マリアは聖霊によってみごもったのである」。ヨセフはこの神のみことばにひたすらより頼み、これを受け入れたのでした。不信仰な男はこれをかりそめの夢とかたづけたことでしょう。けれどもヨセフは神のみことばを信じて、かの女を妻として迎《むか》えいれたのでした。

もしもキリストが処女から生れたもうさだめであったなら、どうしてこのおとめは結婚をしたのでしょうか、当然わたしたちはこういう疑問《ぎもん》をいだきます。かの女が処女であったということがどうして全世界の前に明らかにされなかったのでしょうか？　すべては噂《うわさ》をうち消すためでした。もしもマリアが、自分は聖霊《せいれい》によってみごもったので、子どもの父親はヨセフではないと言ったならば、かの女はおそらく殺されてしまったでしょう。かの女にはその証明はできませんでしたし、誰一人としてかの女を信じる者はいなかったでしょう。それは聖書にも、理性にも、経験にも反していました。ヨセフは秘密を守ってかの女の力になりました。聖霊のみわざは誰の知るところともなりませんでした。こうして妻の座《ざ》がおとめを守ったのでした。

ある者はキリストがおとめから生れたもうたことを理由に、おとめであることは結婚にまさって貴《とうと》いと主張します。罪なき救い主たらんがためには、キリストはおとめから生れたまわねばならなかったのだと。けれどもどうか、心に留めて下さい、キリストは尼僧《にそう》その他、婚姻《こんいん》のきずなの外にある女性から生れたもうたのではありません。マリアは夫とともに住みました。誰もこのふたりを世の常の夫婦と異《こと》なるとは考えませんでした。キリストはマリアにおいて、処女性とともに結婚もその尊厳《そんげん》をたもつことをお望みになったのです。処女性はこの世の目から隠されました。ふたりの結婚は公にされました。マリアも他の妻たち同様に婚姻《こんいん》のおもぎぬをかけました。処女性をたたえるのはけっこうなことです。けれどもそのために結婚を悪《あ》しざまにいうことはよくありません。おとめであるとか、人妻であるとか、未亡人《みぼうじん》であるとか、そんなことは天国をかちうるうえになんの助けにもなりません。人々はこのみどりごを信ずる信仰を通じてのみ、天国に入ることができるのです。

降誕

降　誕

マルティン・ショーンガウアー
（1430–1491）

はるかな丘の上で，一人の羊かいが三人の天使の合唱を聞いている．べつな二人の羊かいが近づきつつある．牛小屋は崩れかけ，粗末な草屋根がさしかけられている．

キリストがお生れになるのと時をおなじうして、アウグストゥス帝は税金をとりたてるための勅令《ちょくれい》をローマ世界に送っていました。このことは偶然《ぐうぜん》ではありません。キリストが人口調査《ちょうさ》と同じころにお生れになったのは、わたしどもに神が、異教《いきょう》を信ずる国のものであろうとも、政府に対しては従順《じゅうじゅん》にしたがうべきだということを教えようとなさったからでした。もしもこの調査《ちょうさ》以前に生れておられたならば、ローマの支配にあまんずることをこころよしとなさらないように見えたでしょう。人生の最初の瞬間《しゅんかん》から、キリストも、またその両親も、従順《じゅうじゅん》のあかしを示されることとなったのでした。異教《いきょう》の国の皇帝、ユダヤ人の敵《てき》に対して。これこそキリストの王国がこの世の王国とはっきり区別されるという、もっとも強力《きょうりょく》な証拠《しょうこ》です。キリストはこの世の王の支配するような王国をたてようと望まれず、かえって異教の政府にしたがおうとなさったのです。おのが民、おのが家族《かぞく》のいとう権力に、キリストがしたがわれるとは！　そうです、キリストは皇帝の政府にしたがわれました。ですから、すべてクリスチャンたる者は、アウグストゥスにかれの王国を支配せしめねばなりません。かれのじゃまをすることなく、助力すべきです。

しかし、あなたがたは言うでしょう。「政治はよいものではありません。だからキリストも王となることを欲《ほっ》したまわなかったのです。もしそれがよいものであるなら、キリストもさし出された王冠《おうかん》をこばみたまわなかったでしょう」と。そういう議論《ぎろん》のすすめかたをするなら、あなたは聖人《せいじん》になるほかないでしょう。キリストのなさったのとまったくおなじ行動《こうどう》をしようと思うなら、おとめから生れ、死人をよみがえらせ、水の上をあるき、妻をめとらず、金銭をもたず、召使《めしつかい》をいっさい使わずにくらさなくてはならないでしょう。それは、「妻や家庭《かてい》をもっている者、百姓や仕立屋《したてや》などはクリスチャンになることはできない。キリスト御自身《ごじしん》、生涯めとらず、家庭《かてい》も、職業《しょくぎょう》もなく、枕《まくら》するところすら、もちたまわなかったのだから」と言うのと同じでしょう。そんな下らない議論《ぎろん》はやめましょう！　キリストは伝道者でした。だから政治を斥《しりぞ》けたもうたのです。わたしも伝道者です。ですからわたしも政治には手を染《そ》めません。けれどもわたしは政治を悪《あ》しきものときめつけるようなことはいたしません。わたしにとってそれがふさわしくないというのは、わたしがその召命《しょうめい》を受けていないからです。そんな議論は、誰も家庭をもってはいけない、家長《かちょう》はいわば召使《めしつかい》、はしため、子どもたちを支配する王侯《おうこう》、皇帝《こうてい》、監督《かんとく》だからというようなものです。極端《きょくたん》な人たちは言うでしょう、「だったら、妻も子もすてなければいけない。家庭には支配がつきものだから」と。けれども低い権力すらもたない者に、どうして高い権力がもてるでしょう？　市民がいないところに、どうして参事会員《さんじかいいん》がいるでしょう？　市民があつまって都市が作られ、都市があつまって公領《こうりょう》が、さらに王国、帝国ができあがるのです。キリストは政治家ではありませんでしたが、政治を禁《きん》じるようなことはなさいませんでした。キリストがなさったことを一例に取るのはおやめなさい。そんなことをする人は、わたしにむかってもおそらく、「ドクトル・マルティンは市長にも判事《はんじ》にも職人《しょくにん》にもならないでしょう。そうした仕事はクリスチャンとしてふさわしくないからです」と言うでしょう。これらの仕事をわたしがもしも一手にひきうけたとしたらどうでしょう？　わたしの背骨《せぼね》は折《お》れてしまうでしょう。なにもキリストがなさったことや、わたしがしたことにこだわることはないのです。神はわたしたちそれぞれにふさわしい仕事をおあたえになりました。そういった論法《ろんぽう》は、「妻《つま》はおもぎぬをかけている、かの女はクリスチャンだ、したがってクリスチャンになろうと思うなら、わたしもおもぎぬをかけなくてはならない」というようなものです。とんでもないことです！　しかし、キリストはつねに伝道者《でんどうしゃ》でありました。またアウグストゥスは皇帝《こうてい》、羊かいは羊かいであったのです。

　人口調査《ちょうさ》のおきては世帯主《しょたいぬし》たる者はすべて登録《とうろく》のためにふるさとに帰れと定めていました。ヨセフはダビデの血すじとして、ダビデの町ベツレヘムにおもむかなくてはなりませんでした。光輝《こうき》ある王を祖先にもつ身であるにもかかわらず、ヨセフはきわめてまずしかったので、ユダヤでくらして行くことができずにナザレにうつり住んでいたのでした。ところがここに帰郷《ききょう》しなければならない事情《じじょう》が生じたのです。聖書には「ヨセフはすでに身重《みおも》になっていたいいなずけの妻マリア」をともなったと書いてあります。産《う》み月もまぢかのこととて、旅行のわずらわしさをさけたい気持もあったでしょうに、マリアは一言の泣きごともらしませんでした。だれにもめいわくをかけたくなかったからです。自分のるす中マリアといっしょにくらして面倒《めんどう》を見てくれるように、近所の年よりとか、女の人をたのむことができなかったのですから、ヨセフの貧しさのほども察《さっ》せられます。

　天においてあのようにかがやかしく前ぶれされたこれらのできごとが、地上ではなんとつつましくおこったことでしょう。地上における、ことのしだいは次のようなものでした。ナザレの町のもっともいやしい住民のうちに、マリアという貧しい若い人妻がありました。これといって人々に尊重《そんちょう》されもせず、そのうちに秘《ひ》められているおどろくべき秘密《ひみつ》について、心づいた者とてありませんでした。かの女は多くを語らず、つつましく夫につかえました。ヨセフの家には下男も下女もいなかったのです。この夫婦が旅に出かけたのでした。ヨセフがマリアのためにろばを借りなかったとは言いきれませんが、福音書はこれについてはまったく沈黙《ちんもく》していますし、徒歩《とほ》で行ったとも考えられるのです。マリアが行くさきざきの宿屋《やどや》でどんなあつかいをうけたか、まあ、考えてもごらんなさい！　はなやかな供《とも》まわりの黄金《こがね》の輿《こし》に乗るのにふさわしいこの気高い女性が！　多くの貴族の奥方やその娘たちがぬくぬくとぜいたくざんまいに日を送っているというのに、主のおん母は身重《みおも》のからだで冬のさなかに徒歩《とほ》で旅をしたのでした！

ガリラヤのナザレからベツレヘムまでは、どうしてもまる一日以上はかかったでしょう。ベツレヘムはエルサレムよりもっと遠いのですから。ヨセフは考えました。「ベツレヘムについたら、親類《しんるい》もたくさんいることだ。必要なものはのこらず借《か》りうけることができるだろう」と。それはあまい考えでした！

結婚して一年にしかならない、若い花嫁がナザレの自分の家で出産することができずに、身重《みおも》のからだで三日も旅をしなければならなかったのは、たいへんなことでした。けれども目的地に着いても泊る場所がなかったのは、もっとこまったことでした。宿屋は満員《まんいん》でした。この身重《みおも》の婦人にへやを提供しようという人間は一人もいなかったのです。マリアは牛小屋に行って、そこで世界の創造主《そうぞうしゅ》を出産しました。誰もかの女のためにへやをあけてくれなかったからです。

「ところが、彼らがベツレヘムに滞在《たいざい》している間に、マリアは月満《み》ちて、初子《ういご》を産み、布にくるんで、かいばおけの中に寝《ね》かせた」。

福音書《ふくいんしょ》によれば、ベツレヘムに着いた時、ヨセフとマリアはおよそいやしい、見る影もない姿でした。あらゆる人に譲《ゆず》らなければならず、けっきょく、牛小屋をあてがわれてしまったのです。多くの強盗《ごうとう》たちが、宿屋で貴族《きぞく》のようにおさまりかえっているというのに。かれらは、神が牛小屋において大いなるみわざをなしたまいつつあることに心づきませんでした。金にあかして飲み食いし、着飾っているかれらを、神はむなしいままにすておかれました。この慰《なぐさ》め、この宝《たから》はかれらから隠《かく》されていたのでした。もしもこの光が見られなかったとしたら、ベツレヘムの夜はどんなに暗《くら》いものだったでしょうか。このようにして神は、この世とそのもちもの、またそのわざは、神のみ前においてはまったく重きをなさないということを示しておいでになるのです。そしてこの世はまた、神とそのみわざについてはなにも知らず、なにも考えないということを明らかにしたのでした。

ヨセフは自分にできるせいいっぱいのことをしました。たぶん宿の女中に水その他をもって来てくれるように頼んだでしょう。けれども、誰かが手つだいに来てくれたなどということはどこにも書かれていません。若い産婦が牛小屋で寝ていると聞いても、それを心にとめる者はいなかったのでした。恥を知りなさい、おお、ベツレヘムよ！　そんな宿屋は硫黄《いおう》の火で焼かれてしまえばよかったのです。たとえマリアがこじき女や夫のない女であったにしても、場合が場合とて、誰だってよろこんで手を貸さねばならないところだったのですから。

みなさんがたのなかには、心ひそかにこう考える人がたくさんいるでしょう。「ああ、わたしがその場に居合わせたらなぁ！　よろこんで御用をつとめただろうに！　せんたくもしただろう、お守《もり》もしただろう。そして羊かいといっしょに、大喜びでかいばおけの中のイエスさまにお目にかかっただろうに」と。そうでしょうとも！　あなたがたが今そう言うのは、キリストがどんなに偉大《いだい》な方であるかを知っているからです。もしもそのとき、その場にいあわせたなら、あなたがたにしたところで、ベツレヘムの人々と五十歩百歩だったにちがいありません。なんと子どもじみたばかげたことを考えるのです？　それなら、なぜ今すぐそうしないのですか？　キリストはあなたの隣人《りんじん》のうちにいましたもうのです。あなたはかれにつかえなくてはなりません。苦しみの中にある隣人にすることは、主御自身にすることなのです。

イエスの誕生時の環境《かんきょう》は実にみじめなものでした。この若妻のはじめての出産に関心《かんしん》をよせる者は一人もなく、誰もその苦境《くきょう》に同情しませんでした。かの女が見も知らぬ土地で出産するにあたって、最小限度《さいしょうげんど》必要なものすらもっていないということに気づく者はいなかったのです。かの女にはなんの支度もありませんでした。あかりも火もない、真夜なかのまっくらやみでした。ふつうなら、誰かが手つだいに来るところですのに、誰一人来てくれませんでした。宿屋にあふれるお客は酒《さか》もりのさいちゅう、一人としてこの夫婦《ふうふ》の用をつとめてくれませんでした。こんなにも早く出産のときが来るということを承知《しょうち》していたら、マリアはおそらくナザレにのこったことでしょう。まあ、考えてもごらんなさい。赤ん坊のむつきにするようなどんな布があったでしょう？　衣類《いるい》のうち、たとえばヴェールなどが役に立ったことでしょう。たしかに現在、アーヘンに陳列《ちんれつ》されているヨセフのズボンと称《しょう》する代物《しろもの》ではなかったにちがいありません。

「マリアは……初子《ういご》を布にくるんで、かいばおけの中に寝かせた」。どうしてゆりかごの中に寝かせなかったのでしょう。腰掛けの上、あるいは地面の上に、どうして寝かせなかったのでしょうか？　そこにはゆりかごも、腰掛けも、テーブルも、いえ、板きれ一つなく、ゆりかごになりそうなものといえば、かいばおけがあるばかりでした。このかいばおけが世界の王の最初の玉座になったのです。下男も下女もいない牛小屋の中に、全世界のつくり主が眠っておられたのです。そしてこの牛小屋で十五歳のおとめが、水も、火も、あかり一つさえなしに、初子《ういご》を生みおとしたのです。なんとなみだぐましい光景ではありませんか！　マリアとヨセフが次にどんなことをしたか、それは誰にもわかりません。学者たちは二人がみどりごをおがんだと言っています。このみどりごが神の子であると考えて、かれらはおどろきを禁《きん》じえなかったにちがいありません。このみどりごはまた、ほんとうに赤ん坊らしい赤ん坊でした、マリアは世の母親とはちがうという人たちには、降誕の喜びはとうてい理解できないでしょう。イエスは正真正銘、人間の赤ん坊でした。肉と血をそなえ、手と足のある赤ん坊でした。よく眠り、泣き、罪がまったくないという点をべつにして、およそ赤ん坊のすることはみなやってのけました。

婦人たちよ、考えてもごらんなさい。そこにはこのみどりごにうぶ湯を使わせる者とていなかったのですよ。お湯どころか、水さえありませんでした。火もあかりもなかったのです。母親がまた同時に産婆であり、はしためでありました。冷たいかいばおけが寝床であり、湯ぶねでした。このあわれな少女に誰がなすべきことを教えたでしょう？かの女には出産の経験《けいけん》はありませんでした。いとけないみどりごが凍《こご》え死ななかったのはふしぎなほどです。マリアがなにも感じなかったと思うなら、大まちがいです。このように誰からもかえりみられないということを、彼女はどんなにか辛く悲しく感じたことでしょう。マリアは血のかよった人間でした。たった一人ぼっちでこんなになおざりにされているということをかの女は——そしてヨセフも——どんなに情なく思ったでしょう。手つだってくれる者とてもなく、冬のさなかに見知らぬ土地で、こうした目にあったのですから。この子こそ神の子だ、世の救い主だ、うれしいと思いながらも、マリアのひとみはぬれていました。マリアは石でできてはいませんでした。神のめぐみのあつい人ほど、やさしい、感じやすい心をもっているのですから。

　マリアはただきよらかなおとめだったというだけではありません。かの女は主のおん母でありました。みどりごをだきよせる前に、マリアはかれをおののく手でうやうやしく寝かせました。かの女の信仰が告げたのでした、「これこそ、いと高き者の御子である」と。地の人は一人としてこのような信仰をもちませんでした。ヨセフですらも。ヨセフも天使のみ告げを受けてはいましたが、そのことばは母なるマリアの場合のように、心の奥底《おくそこ》までさしつらぬきはしなかったのですから。

それゆえわたしたちは主の降誕のことを、わたしたち自身の赤ん坊の場合のように、まざまざと目の前に見るように、静かに考えてみようではありませんか。わたしはあなた方に、キリストの神性《しんせい》やその威厳《いげん》についてでなく、みどりごイエスについて考えていただきたいと思います。いとけないイエスをごらんなさい。神性《しんせい》は人をおののかせます。言いつくしがたい神の威厳《いげん》は人をうちくだきます。だから、キリストは罪をのぞいて人間性のすべてをまとわれたのでした。わたしたちをおそれおののかせずに、愛とめぐみによって慰《なぐさ》めるため、力づけるために。

おとめであるこの若い母の膝《ひざ》の上のキリストをごらんなさい。このみどりごより愛らしいものが世にありましょうか、この母よりうつくしいものがありましょうか！　このけがれなきマリアよりうるわしいものがあるでしょうか？　がんぜないこのみどりごをごらんなさい。このみどりごのものでないものは、世に一つとしてないのです。かれがみどりごであるのは、あなたがたの良心がかれをおそれることなく、かれのうちに慰《なぐさ》めを見いだすためです。うたがってはなりません。おとめの膝《ひざ》におどるみどりごをごらんなさい。かれとともにお笑いなさい。この平和の君を見るとき、あなたがたは魂《たましい》に安らぎをおぼえるでしょう。神がいかに多くの手だてを用いて、あなたをまねきたもうかをごらんなさい。神はあなたがかれのうちにさけどころを見いだすように、あなたの前にこのみどりごを置かれているのです。かれをおそれはばかることはありえません。赤ん坊以上に人間の心をゆり動かすものはないのですから。あなたはおそれているのですか？　ではキリストのもとにおいでなさい。もっともうつくしい、もっとも愛らしいおとめの膝の上にいだかれたみどりごのもとに。あなたは神の慈悲《じひ》がどんなに大きいかを感じることができるでしょう。いつくしみに富みたもう神はなによりもまず、あなたが絶望しないことを望んでおられます。かれを信じなさい！　かれを信じるのです！　このみどりごのうちにわたしたちの救いはあるのです。わたしは、人間にとってこれにまさる慰《なぐさ》めは決してないと思います。キリストが人となり、おさなご、いえ、みどりごとして、うつくしいその母の膝《ひざ》の上にたわむれ、その胸《むね》によりそっていたもうという、このことにまさる慰《なぐさ》めはありません。この光景に心のおどらない者があるでしょうか？今こそ罪の、死の、地獄の、良心の、また、とがの力はうちこぼたれました。ひとたびあなたがこのがんぜないみどりごのもとに来たり、かれがあなたの裁《さば》きのためでなく、救いのために来たりたもうたのだということを信ずるならば。

羊かいたち

羊かいたち

アルブレヒト・デューラー
(1471–1528)

牛小屋は，みすぼらしい草ぶき屋根をかけたロマネスク式の建物で，はるかなるものを連想させる．お牛とろばがうしろの方で草をたべている．羊かいは風笛をもっている．しかし，かいばおけのなかをのぞいている小天使は，ルターの考えとはあいいれない．

「さて、この地方で羊かいたちが夜、野宿しながら羊のむれの番をしていた」。夜、羊の番をするというのは、常識《じょうしき》ではぱっとしない仕事といえましょう。そんな仕事にたずさわる人間も、ふつうは軽んじられます。けれども福音書の記者は、天使が夜、羊の番をしている羊かいにみ告げをつたえたと、とくに記しています。かれらは正真正銘の羊かいでした。その夜かれらはそのもち場にとどまって、役目をはたしていたのです。かれらは純真な人々で、自分のつとめに満足し、町に住みたいとか、貴族になりたいなどとはつゆ思わず、勢力のある人たちをうらやむこともありませんでした。神によってあたえられたつとめに満足するということ、これは信仰につぐ至高《しこう》の美徳《びとく》です。わたし自身、まだそれができずにいるのです。

理性をあたえられていない動物の番をするという仕事にたずさわっている人たちがこのようにほめたたえられ、法王や監督《かんとく》さえ、かれらに一ぱいの水をあたえる資格《しかく》すらもたないというようなことを、いったい、どこのだれが考えたでしょうか？　この羊かいたちに学ぼうとする者がいないのは残念なことです。結婚《けっこん》している男は妻などもたなければよかったと考えますし、貴族《きぞく》は王侯《おうこう》の身分にあこがれます。誰もかれも、「ああ、そうだったら、どんなにか、しあわせなのになあ！」と申します。ばかなことを！　あなたにとって一番よい仕事は、今あなたがたずさわっている仕事です。あなたが結婚しているならば、それがあなたにとってはなによりもよい境遇なのです。あなたがもし召使であるなら、あなたにとってそれは最上の地位です。仕事にはげみなさい。そして人に仕えることにまさる神聖な仕事は世に一つとしてないことをさとりなさい。「もしもわたしが……だったら」などと言わずに、「わたしは……だ」と誇《ほこ》りをもって言うことです。「もしもわたしにもっと高い地位があれば」などとしょっちゅう考えているお手伝いは、ろくでなしの夫をひきあてるだけでしょう。

この羊かいたちをごらんなさい。かれらは夜、羊の番をしていました。そこへ天使があらわれて、かれらを使徒《しと》、預言者《よげんしゃ》、えらばれた神の子としてくれたのでした。カヤパやヘロデ、身分の高い祭司《さいし》でなく、羊かいたちが招かれたのでした。わたしは法王によって聖徒のむれにくわえられ、皇帝によって王位をあたえられるよりは、むしろこれらの羊かいの一人でありたいと思います。

「すると主のみ使があらわれ、主の栄光《えいこう》がかれらをめぐり照したので、ひじょうにおそれた」。

その野辺には光がみちあふれていました。かがやかしい、まばゆい光が町でなく、野に。どうして天使はエルサレムに行かなかったのでしょう? エルサレムには神殿《しんでん》がありました。民をすべおさめる王侯《おうこう》が住み、教会と国家の支配者がいました。神によって任ぜられた身分《みぶん》の高い僧侶《そうりょ》がおりました。どうして天使は、そういった人々のもとにおもむかなかったのでしょう? 天使はベツレヘムに行きました。エルサレムにくらべれば、ちりにもひとしいベツレヘム、ニュルンベルクに対するプラタウのようにとるに足らないベツレヘムに。しかもベツレヘムの町なかではなく、野の羊かいのもとにおもむいたのでした。

「御使は言った。『恐れるな。見よ、すべての民に与えられる大きな喜びを、あなたがたにつたえる』」。

この喜びはペテロやパウロだけでなく、すべての民に与えられるべきものでした。神は使徒《しと》、預言者《よげんしゃ》、殉教者《じゅんきょうしゃ》のみならず、あなたがたに呼びかけておいでになるのです。「来りて見よ、みどりごイエスを」と。

「恐れるな」と天使は言いました。わたしは死を、神の裁《さば》きを、世を、飢《う》えを恐れます。天使はわたしたちを恐れからときはなつ救い主の誕生を告げ知らせました。わたしたちのてがらやわざについては一言も語らず、ただわたしたちの受けるはずの賜物《たまもの》について告げ知らせたのです。

「きょうダビデの町に、あなたがたのために救い主がお生れになった」。わたしたちのためにお生れになったのです。わたしたちのために。そうです、彼の誕生がわたしたちの誕生となるように、主は肉と血をそなえた人の子として女から生れたもうたのです。わたしもまたマリアの子であると誇《ほこ》ってよいのです。これこそ、この祝日のただ一つの祝いかたです。すなわち、キリストがわたしたちのうちに形づくられることこそ。もしもわたしたちの心がとざされているならば、いくら主について聞いてもなんにもなりません。わたしたちは歴史ではなく、賜物《たまもの》に耳を傾《かたむ》けなければなりません。誰かがどこかの山の上で百グルデンひろったという話を、わたしがあなたがたにするとします。あなたがたは言うでしょう、「それがわたしにとってどういう関係があるのです？」と。けれども、もしもあなた自身がそれをひろったとすれば、どんなにうれしいでしょう。ほかの人間が財産や富や名誉、うつくしい妻などをもっていたとしても、わたしたちにとってそれがなんでしょう？　わたしたちは心を動かされません。けれども、もしこの御子が自分のものだと聞かされるならば、この知らせはあなたがたのうちに根をはり、あなたがたはたちまちにして死と生をひとしくみなしうる強い人間になるのです。

「あなたがたは、幼な子が布にくるまってかいばおけの中に寝かしてあるのを見るであろう。それが、あなたがたに与えられるしるしである」。

これは神の婚姻《こんいん》です。神の宮殿はどこにあるのでしょうか、牛小屋の中のかいばおけ、雄牛とろばの住居《すまい》に。なんともすばらしい寝所《しんじょ》です。犬を寝かせるのにふさわしいような！　けれども天使はこれを恥《はじ》としませんでした。「あなたがたは『幼な子』が……かいばおけの中に寝かしてあるのを見るであろう」。

この婚宴《こんえん》にたずさえて行くべき唯一の贈りものは、喜ばしい心です。神は微笑《びしょう》なさいました。天の全軍は歓喜《かんき》しました。

「するとたちまち、おびただしい天の軍勢があらわれ、御使と一しょになって、神を讃美して言った」。

おびただしい軍勢！　世界中の庭園に生い育つ草の葉よりも、天使の数はおびただしいのです。これほど多くの人間はいまだかつてこの地の上にありませんでした。あなたがたはこれらの天使のうちの誰かがおさなごイエスのもとに、黄金のゆりかご、羽ぶとん、お湯などを運んで行ったらよかったのになどと考えるのですか？　天使はどうしてそうしなかったのでしょう？　彼らはこのおさなごこそ救い主であると高らかに歌っていました。どうして、かれに助けの手をさしのべなかったのでしょうか？　これはわたしどもの理解にあまることがらです。よみがえりのとき、すべてが明らかにされるそのときまで、わたしたちとしては単純《たんじゅん》に信じつづけるほかないのです。

天使たちは、「神を讃美して言った。『いと高きところでは、神に栄光があるように』」。世が軽蔑《けいべつ》し、見ようとも、知ろうともしなかったこの降誕を、天において神は天使の合唱をもってことほがれました。天使たちは歓喜《かんき》のあまり、じっとしていられなくなり、地の人にこれをつたえずにはおれませんでした。天使たちは羊かいに「大きな喜び」のおとずれを告げ知らせました。このことはわたしたちにとっても大きな慰《なぐさ》めです。世が軽蔑《けいべつ》したものは天使たちにたたえられました。神が許したもうたならば、かれらはもっと盛大に降誕をことほいだのでしょうが、神はわたしたちにこの御子を通じて、世の栄《えい》華《が》をかろんずべきことを教えておいでになるのです。

天使たちはこぞって歌いました。「いと高きところでは、神に栄光があるように」と。天の全軍がこの歌をオルガンや笛でとこしなえにかなでているときに、世の人々がこの喜びのおとずれをのべつたえないということは、なんと恥《は》ずべきことでしょう！　天使たちの前には野の羊かいのほかにには一人の聴衆《ちょうしゅう》もいませんでした。羊かいたちは喜びのあまり、言葉もありませんでした。それなのに、この「喜びのおとずれ」を聞きながら、わたしたち自身の心はいっこうに燃えたたないのです。かいばおけの中にふしたもう御子、母マリアの膝《ひざ》の上にいこいたもうみどりごを見、天使の合唱を聞きながらも、ほのおとなって燃《も》えさからない自分の心を、わたしはいとわしく思います。すべての人が喜びにおどりあがり、心を燃やすはずのこのことばを聞きながらも、冷えきったままのわたしたち。まったく軽蔑《けいべつ》にあたいします！　まるでここにおこったのがつめたい歴史的な事実であって、わたしたちの心をうつなにものもないかのように。サルタンは金の冠《かんむり》をもっているといった噂を、だれかの口から聞いた場合のように無感動に。

「地の上ではみ心にかなう人々に平和があるように」。

キリストの王国は平和とめぐみを宣言します。ちょうど天使たちが、このみどりごこそ、その民をときはなち、罪から救う全世界の救い主だとのべつたえたように。主イエスは罪人をときはなたれました。イエスは今もなお、救いのみわざをつづけておいでです。主はつるぎをとって戦い、この世のまつりごとをつかさどる君ではありません。かれはめぐみにあふれる平和の福音《ふくいん》をもって、世をすべおさめたまいます。このゆえにこそ、かれはイエス、おのが民を助け、父のもとにたちかえらせる救い主とよばれたもうのです。神のみ国をどう理解すべきか、霊の王国とこの世の王国をどう区別して考えるべきかということを、わたしたちはしばしば説明してまいりました。今またここに申します。主イエス・キリストは、皇帝や王やザクセンの選挙侯《せんきょこう》とはちがって、城や町や村をお建てにはなりません。わたしが家庭内においてもっているような権力すら、主のものではありません。けれども主はおのが民をその罪から救ってくださいます。罪になやむ人々、すなわちわたしたちすべてのために、破壊者、殺人者としてでなく、助け手として、支配したもう君として、弁護してくださる友人として、一人のみどりごが生れたということは、罪の重荷《おもに》を負《お》い、良心のいたみになやまされている人々にとっては、じつにあかるい、したわしい、ありがたい保証です。

これは人間のことばではありません。これは天来《てんらい》のみことばであって、ありがたいことに、これがわたしたちにもつたえられているのです。このみことばをつたえ聞いたり、読んだりするのは、天使の口からじかに聞くのもおなじです。羊かいたちは天使を見ませんでした。ただかがやかしい光を見、天使のことばを聞いたのでした。もしもわたしたちが目と耳をひらいてまなぶこと、耳を、目を、正しく使うことを知っているならば、今日のわたしたちにも、その声が聞えるでしょう。書物の中にそれを読みとることができるでしょう。みどりごイエスを知らない人は、正しく神をあがめることができません。人間が怒りを燃やし、たがいの肉をむさぼり食うのは、この御子を知らないから、あがめないからです。この御子を受けいれる世界はゆたかです。そこにはいやしの道がそなえられています。キリストがいましたまわない世界はどんな場所でしょうか？　それは生き地獄、虚偽《きょぎ》と貪欲《どんよく》、大食、飲酒《いんしゅ》、姦淫《かんいん》、暴行、殺人がはびこり、文字どおり、悪魔の支配する世界でしょう。昨日の友人も敵《かたき》同様、今日はもう信じられません。けれども天使の合唱を聞き、みどりごイエスを知って受けいれる人、神をとうとぶ人は、神に似ています。おだやかで、しんせつで、誰の相談にものり、喜んで助けの手をさしのべます。神があがめられるところでは、人々はたがいにむつみしたしみます。にくしみもねたみもなく、たがいに他を自分より大いなるものとし、「きょうだいよ。わたしのために祈ってください」と言います。

「み使たちがかれらをはなれて天に帰ったとき、羊かいたちは『さあ、ベツレヘムへ行って、主がお知らせくださったそのできごとを見てこようではないか』とたがいに語りあった」。

この御告げを羊かいたちがそのままに信じたということは、じつにおどろくべきことです。「われわれのようないやしい羊かいのところに天の軍勢がつかわされて、この地のすべての王たち、エルサレムに住む身分の高い人々がないがしろにされたなんてことがあるだろうか？」こう考えたところでふしぎはなかったのです。わたしなら常識《じょうしき》に照らして言うでしょう、「神や天使や王たちにくらべるとき、わたしはちりにもひとしい人間なのに。これはまぼろしにちがいない」と。けれども天使を通じて語っておられる聖霊《せいれい》が羊かいたちに信じさせてくださったのです。またかれらの信仰が強かったからこそ、天使たちはかれらに語りかけたのです。それだから、天の軍勢《ぐんぜい》は声をそろえて、かれらのためにカンタータを歌ったのでした。これは人にはとうてい理解しかねる、ふしぎなできごとでした。わたしたちの神さまは、天使をもってことをはじめ、羊かいをもってことを終えられました。どうしてそんなとほうもないことをなさったのでしょう？まず神は御子をかいばおけの中にお置きになりました。わたしたちの常識《じょうしき》は抗議《こうぎ》します、「もっとほかの方法で世をお救いになることはできなかったのでしょうか？」と。わたしが神なら、天使をつかわすようなまだるこいことはしません。むしろ悪魔《あくま》に命じるでしょう。「わが民をときはなて」と。キリスト教の信仰はなんとおろかしいのでしょう。神は全能だなどと言いながら、神の御子になんの知恵《ちえ》も、力も与えられていないなんて。はじめに「光あれ」「おおぞらあれ」「かわいた地よ、あらわれよ」と言われた神が悪魔《あくま》にむかって、「わが民を返せ」とおっしゃれないはずはありません。ところが神は、悪《あく》魔《ま》をへこますためにたった一人の天使をつかわすといったことさえ、なさらなかったのです。神はいとけない、母親に頼りきっているみどりごをつかわされ、ついにはかれが十字架につけられてもだまっておいでになったのです。悪魔《あくま》は申します。「わたしがかれをさばこう」と。カヤパとピラトは言いました。「かれは大工にすぎないではないか」と。ところがこの弱く頼りない赤ん坊が、悪魔《あくま》の背をくだき、全世界を一変させたのです。かれは人の足の下にふみにじられることをしのび、はりつけにされました。しかしその弱さを通じて、神の国とその力をおのがものとなさいました。

「羊かいたちはいそいで行って、マリアとヨセフ、またかいばおけに寝かしてあるおさなごをさがしあてた」。

神はおどろくべきおかたです。このみどりごにはゆりかごも産着《うぶぎ》もなく、かいばおけの中に寝かされていました。しかもなおかれは救い主とよばれたのです。天使はほめうたを歌い、羊かいは、かしずくはしためとてなしに雄牛とろばとともにやどるこの御子を拝しました。わたしがベツレヘムにいってこの光景を見たとしたら、「こんなばかなことがあるものか、この赤ん坊が救い主だなんて。とんでもないたわごとだ」とでも言ったにちがいありません。家畜小屋の中にはいって行くなどということは、しなかったでしょう。

「かれらに会った上で、羊かいたちは、この子について自分たちに告げ知らされたことを人々につたえた。人々はみなふしぎに思った。しかし、マリアはこれらのことをことごとく心にとめて、思いめぐらしていた」。

ごらんなさい、天使のことばと歌はむだではなかったのです。羊をこよなく愛してはいましたが、羊かいはただちに立って、天使たちが主とよぶみどりごのもとにおもむきました。かれらが天使のことばにしたがったということは、天使のことばの最初の果実でした。第二の果実は、かれら自身がみことばをつたえる者となってこのおさなごについて知っていることをすべての人にのべつたえたということです。福音書の記者は書いています。「人々はみな、羊かいたちのことばを聞いてふしぎに思った」と。そうです。けれども人々は聞いたことを長くはおぼえておりませんでした。三ヵ月ばかりは、誰もベツレヘムのおさなごについて、天使の歌について、東の国の博士たちについて、ひとくさり噂をしたでしょう。ところが二年、三年とたつうちに、みんな、忘れられてしまいました。三十歳におよんで主がバプテスマを受けるためにヨハネのもとに来られたとき、このことについて記憶している者は一人もいなかったのでした。

「しかし、マリアはこれらのことをことごとく心にとめて思いめぐらしていた」。マリアはこういったことどもを心のおくにおさめて、じっと考えました。「このわたしが天使によって主とよばれる赤ん坊の母親であるとは、なんてすばらしい知らせだろう」と。このことはマリアの心に深くしみこみましたので、たとえ全世界が反対してもマリア一人はこれをかたく信じつづけたでしょう。

どうして「心にとめて思いめぐらした」のでしょう？　マリアもまたのべつたえる者となる必要があったからです。御子の母ではありましたが、マリアは信仰を強め、確信《かくしん》をますために、これらのことを深く心にとめて思いめぐらさねばならなかったのでした。

彼女はこれらのことばが、「かれは大いなる者となり、いと高き者の子ととなえられるでしょう」という天使のはじめの知らせといかにぴったりするかを思いあわせました。羊かいたちの言ったことは、ガブリエルのことばと一致していました。これはマリアに大きな喜びと確信を与えてくれました。こういった保証なしには、人間の弱い心、それも女性の心は、「わたしは このかいばおけの中にふしている王者中の王の母親なのだ」とはなかなか信じられなかったでしょう。そのみどりごには、どことい って王者らしいところはありませんでした。けれどもマリアは羊かいたちから、かれが世の救い主であり、この世のあらゆる王にまさって偉大《いだい》であること、かの女が救い主の母としてかれをはぐくむ役目を負うていることを教えられたのでした。このおとめの信仰のけだかさ強さは、ことばにはとうていあらわせません。信仰をもっている人、信仰に根ざす知識をもっていると思う人は、この母に学んで自分の信仰もいっそう強まるように、マリアについて語っている聖書のことばをあつめてごらんなさい。一つでもけっこうですが、八つ、九つとあつめることができるならば、さらによいでしょう。

わたしが最後の目をとじるときに、「きょう……あなたがたのために救い主がお生れになった」というこの大いなる光がなかったならば、わたしの目にうつるのはまったくのやみの世界でしょう。すべてのものがわたしをはなれ去っても、救い主が助けてくださるのです。大空も、星も、いえ、あらゆるつくられたものがわたしににがにがしい顔をむけるとき、天にも地にも、わたしにはこのみどりごのほか何ものも見えません。この光はあまりにもかがやかしいので、わたしは、「マリアよ、あなたがこの御子を生んだのはあなたのためだけではありません。あなたはたしかに主の母です。けれどもかれの母としてあなたが担うほまれ以上に大きいのは、このわたしのほまれです。あなたのほまれはこのおさなごの肉体を生んだというほまれですが、このわたしのほまれは、あなたがわたしのたからである主をだいているということ、あなたの膝の上のおさなご以上に力ある救い主を、人間のうちにも天使のうちにもわたしが知らないということです」と言うことができるのです。もしもこのおさなごのゆえに人が、世のすべての黄金《こがね》やたから、あらゆる力とほまれをないがしろにするならば、もしかれが空の星と地のすべてのたからを無にひとしいものと考えるならば、かれはこの天使のメッセージのほんとうの目的を、また果実を知るでしょう。

キリストの降誕《こうたん》からいかなる果実をえるべきかということについては、すでにじゅうぶんに話してきたと思います。「きょう……あなたがたのために救い主がお生れになった」。すべてはこのひとことのうちに言いつくされております。このことの霊的な意味を少し考えてみましょう。マリアはキリスト教の象徴《しょうちょう》、新しくうまれた御子を福音のみことばのうぶ着でつつむあらゆるクリスチャンの象徴です。うぶ着は福音をのべつたえること、かいばおけはクリスチャンがともにつどい、神のみことばを聞く場所であります。牛とろばはわたしたちです。

「羊かいたちは、見聞きしたことが何もかも自分たちに語られたとおりであったので、神をあがめ、またさんびしながら帰って行った」。

これはまちがいではありませんか？　ここは次のようになおさなくてはならないので

はないでしょうか？「かれらは頭をそり、断食《だんじき》をし、じゅずを繰《く》り、僧衣《そうい》をまとった」と。いえ、そうではありません。「羊かいたちは……帰って行った」と書いてあります。どこへ？　羊のもとへ。まさか、そんなわけはありますまい。なぜ、かれらはすべてのものをなげうってキリストにしたがわなかったのですか？　救われるためには父母をすて、妻子をすてなければならないのではないでしょうか？　しかし、聖書ははっきり言っています。羊かいたちは帰って前と同じ仕事にしたがったと。かれらは自分たちのつとめを軽蔑《けいべつ》することなく、ふたたび忠実にそのわざにしたがいました。地の上のいかなる聖職者といえども、この羊かいたちの杖にまさる笏杖《しゃくじょう》はもたなかったと、申しあげておきましょう。

ヘロデ

幼児虐殺

アルブレヒト・アルトドルファー
(1480–1538)

建物はルネサンス様式の廃墟．兵士はルターの時代のドイツ傭兵の服装をしている．

さてヘロデ王の時代にイエスがユダヤのベツレヘムでお生れになったとき、東の国の博士たちがエルサレムにやって来て申しました。「ユダヤ人の王としてお生れになったおかたはどこにおいでになりますか？　わたしたちは東の方でその星を見て、そのおかたをおがみにやって来ました」と。

権力のある人々や学者たち、また僧侶たちにとって、これはおそろしい知らせです。そういった人々はみなキリストを軽蔑《けいべつ》するからです。その一方、これはこの世でいやしめられている人々にとっては、慰めです。キリストはかれらにこそ示されるからです。

このできごとをエルサレムに告げ知らせた人々は、ふつう三人の王とよばれています。たぶん三つのおくりもののためでしょう。純真な人々がそう信じているとき、これをとやかく言う必要はありません。べつに重要なことではないのですから。しかし、聖書には二人とか、三人とか、はっきりした数は出ていません。たぶんアラビアすなわちシバのあたりからやって来た人々なのでしょう。これは黄金《おうごん》、乳香《にゅうこう》、没薬《もつやく》というおくりものからの推測《すいそく》です。アラビアはこの三つをことごとく産出しますから。わざわざ他国で買って来たものではありますまい。東洋の習慣では、自分の国の一番すぐれた産物をおくりものにすることになっています。また画家たちがよくえがくように、一人が黄金を、他の一人が乳香を、もう一人が没薬をもって来たのではなく、めいめいが三つとも持参したのだと思います。

福音書はかれらをマギ――博士とよんでいます。マギとは預言者というより、むしろ魔術師《まじゅつし》、秘密の学問をする学者たちでした。といっても悪魔と手をにぎっている魔法使ではなく、銅を金にかえる錬金術師《れんきんじゅつし》のように、自然というものの性質によく通じている学者たちでした。自然に関するそうした神秘的な知識は、聖霊によってヤコブやソロモンにもあたえられていました。ペルシアやアラビアではこれが流行の学問でした。しかし、この学問は、はじめのうちはけっしていかがわしい性質のものではなく、この道を研究する人々のうちから多くの賢人が出ました。しかし、ついにはこれも単なるまじわざにだらくして、悪魔に利用されるようになってしまいました。こうして魔術師ということばそのものが、一種うさんくさい名称《めいしょう》となったのでした。

これらのマギ――すなわち賢人《けんじん》は、王ではなく、自然のことがらに博学《はくがく》な人々でした。その一方、きっと迷信にかぶれる傾向もあったでしょう。星をしるべに旅をしたというのですから。かれらはギリシアの哲学者、エジプトの僧侶、あるいは現代の大学教授にくらべられるような人々でした。かれらの教えのうちには、キリストの教えに似かよった点も少なからずかくされていました。今日の大学ではかれらの学問は研究されておりません。マギについて知ろうと思うなら、悪魔の口まねをする博士たちよりは、農夫たちに聞いた方が、よっぽど早道です。マギとはすなわち、東洋の自然科学者、アラビアの自然科学の教師たちのたぐいだったとも言えるでしょう。

ある人々は、かれらがどうしてそんなにも遠くから、わずかの間にやって来られたのだろうという疑問をもちました。言いつたえによれば、マギは一月十二日の夜に着いたとされております。ところが地理学者たちは、アラビアの首都から地中海岸までは六十日はかかると申します。わたしはそうしたことがらに頭をなやますようなことはいたしません。マギたちが一月十二日の夜に着いたと信ずる信じないは、信仰の問題ではありません。かれらがアラビアの首都から出発したと考える必要もかならずしもないのです。おきてによれば、婦人は六週間後に清めの儀式を受けるために、出産後もしばらくはその土地にとどまらなければならなかったのですから、マギたちがもしも降誕の日から二、三十日後にベツレヘムに着いたとしても、やはりマリアに会うことはできたと考えられます。けれども、わたしは信仰の対象として強制されないかぎりは、一般の人々の信じている奇跡についてとやかく言うようなことはしません。神のみことばとして書き記されていないことは、信仰の対象とする必要がないのです。福音の言わんとしているところは、キリストの誕生が外国人としての最初のユダヤの王、すなわちヘロデの治世におこるという預言が成就《じょうじゅ》したということ、キリスト自身の国の僧侶や聖者が背《せ》をむけているときに、東の国の星うらない師たちが、遠い国からわざわざキリストをおがみにやって来たということだったのです。

ある者は言います。博士たちは星に導かれてキリストをおがみに来たのだから、わたしたちも星うらない師とならなければならない、と。もちろんわたしたちは太陽を見て日の出や正午や日の入りを知り、月や星を見て夜を知ります。耕《たがや》すとき、かりいれのときを知るには、天候について研究しなければなりません。しかし、太陽の大きさ、その地球からの距離《きょり》、その貴金属《ききんぞく》におよぼす影響などは、これといって知る必要のないことです。彗星《すいせい》や日月蝕《しょく》は、神の怒りのしるしと考えるだけでじゅうぶんです。

星はマギにとっては一つのしるしにすぎませんでした。星うらない師たちがこの聖書の個所から自分たちのわざを理由づけるのは、とんでもないはきちがえです。博士たちはキリストの誕生について星うらない図を書こうなどとは考えませんでした。ただ、これこそ偉大な王者の誕生のしるしであると気づいて、そのおかたはどこにいましたもうかとたずねたのでした。星うらない師たちが不当に思いあがらないように、キリストはその誕生時に新しい星をお作りになりました。この星が王者の誕生を意味するということがどうしてマギたちに知れたのか、それはわたしにもわかりません。しかし、このこと自体がおどろくべき奇跡だというようには、わたしは考えないのです。アラビア人はアブラハムの子孫です。アブラハムのケトラによる子らが東方に住みついたその後裔《こうえい》です。アブラハムは神によって、「どうしてわたしのしようとすることをアブラハムにかくすことができよう？」と言われたくらいですから、神さまのなさることをよく心得ておりました。かれはこのことをイサクばかりでなく、ほかのむすこたちにもつたえたにちがいありません。マギたちはアブラハムの子孫から、ユダヤ人の間に王が生れるということ、それはあるとくべつの星がユダヤの空にのぼるときだということを、かねて聞かされていたのでしょう。

ユダヤの空にのぼる星が見えたくらいですから、博士たちはそう遠くはなれた国に住んでいたわけではないでしょう。せいぜい四日も旅をつづければユダヤに到着できたのではないでしょうか？　ふつう考えられているような遠国だったとすれば、どうしてエルサレムの上にのぼる星がかれらに見えたでしょう？　たぶんかれらの国はエジプトに近いユダヤの国境に接していたのでしょう。そうでなければ、そのように天空の比較的低いところに輝く星が見えるわけはありません。星の位置がふつうの星のように高かったとすれば、十マイルへだたったところにいる人でも自分たちのすぐ頭上にかがやいていると思いこんだでしょうから。星は町の上でとまったばかりか、御子のお生れになったその当の家の上でとまることができたのですから、ずいぶん低いところで光っていたにちがいありません。それはとくにこの目的のために作られた星でした。天空をわたる他の星とはまるでちがっていました。この星はマギたちが野宿をする夜にはとまり、夜があけてらくだに乗って道を進みはじめると、おなじ速さでゆっくりと進みました。

ユダヤ人の王がお生れになったという啓示《けいじ》を受けたとき、マギたちはただちにエルサレムにむけて旅だちました。なぜなら、当然のこととして、かれらはそのみどりごを、首府の王宮の黄金をしきつめた一室に見いだすことを予期《よき》していたのでしたから、常識から考えて、いったいほかのどんなところに王を見いだせるでしょう？　けれども、かれらがこう確信して旅をつづけたために、星はかれらをはなれ去りました。かれらはたいへん難儀《なんぎ》な旅をしました。もしもかれらが人の知恵にばかりより頼む人々であったなら、「いまいましい。とんだむだ骨をおらされた。星はわれわれをだましたのだ。悪魔がまぼろしを使ってわれわれを迷わせたのだ。エルサレムの、それも王宮のほかのどこで、王様がお生れになるはずがあろう？　ところがわれわれがエルサレムに着いた時には、星はもう見えなくなっていた。王様がお生れになったということを知っている者は、エルサレムじゅうに一人だって見つからなかった。エルサレムで生れた赤ん坊のことを、われわれ外国人がまっさきにつたえ聞くなんてことがあるだろうか？　この都の連中はみな冷淡でぶあいそうだ。われわれといっしょに行こうなどと申し出る者は誰一人いない。この都の者すら、自分たちの間に王様が生れるということを信じていないのに、外国人のわれわれがさがしに出かけるなんて！　ここには小犬が生れたほどのさわぎもない。われわれの国の羊かいだって、赤ん坊が生れたときにはもっと大さわぎをする。雌牛が子を生むときだって、もっと評判になる。ほんとうなら歌ったりおどったりして喜びをあらわし、ともしびやたいまつをともして、町々をばらやメイフラワーでかざりたてるところだろうに。なんてあわれな王様だ、われわれがさがし求めているのは！　だいたいこんな旅に出たのからしておろかなことだった！」と言ったにちがいありません。ところがめぐみの子自然の子は信ずる前に手でさわってまずたしかめたいと思います。信仰の子はほがらかにくらやみの中に歩みを進めます。みことばを単純に信じて。

けれども、博士たちはせっかくここまで来たのだからと、帰る前にその新しい王についてもっとたずねてみようと思いました。これを聞いて、ヘロデ王は「不安を感じ、エルサレムの人々もみな同様」でした。どうしてヘロデやエルサレムの人々が恐れたのでしょうか？　ヘロデがおそれたのは当然のことでした。三十年間もユダヤ人をしいたげて来たからです。外国人ではありましたが、ヘロデは、王位はヤコブのやからをはなれないという預言を知っておりました。時みちた今となって、ヘロデはおじおそれて、ひそかに考えたのです。「わたしがここに王となってもう三十年になる。国民がことあらばわたしを追いはらおうとしている時も時、あの外国人どもがやって来て、あらたに生れた王のありかを大っぴらにたずねている。これはどうも面白くないぞ」。

しかし、エルサレムの人々までなぜ、ヘロデとともにおそれたのでしょう？ ユダヤ人はキリストの来りたもう日を待ちかねていたはずではありませんか？ たしかにある者、シメオンやアンナのような人々は喜びました。けれどもユダヤ人は、新しい王が出たりすれば、ヘロデとローマ人とが流血《りゅうけつ》に訴えてもほうむり去ろうとするだろうと心配しました。ユダヤ人はずっと以前にヘロデやローマ人にさからってさんざんにうち負かされました。それで今では神よりも、人間の作った武器を信用するようになっていたのでした。

そこでヘロデは、「祭司長《さいしちょう》たちと民の律法《りっぽう》学者たちとをぜんぶ集めて、キリストはどこに生れるのかと問いただし」ました。悪人ながらも、ヘロデはたいそう宗教的だったのです。うわべでは、善い人間のすることを一から十までやってのけました。かれは賢人や祭司長、学者たちをよびよせましたが、のちに幼児を虐殺《ぎゃくさつ》したむごたらしいしわざによって、その化けの皮はついにはがれてしまうわけです。

「彼らは王に言った。『それはユダヤのベツレヘムです。預言者がこうしるしています。

ユダの地、ベツレヘムよ、
おまえはユダの君たちの中で
決してもっとも小さいものではない。
おまえの中からひとりの君が出て、

わが民イスラエルの牧者となるであろう』」。

ヘロデは悪がしこいはかりごとをめぐらしました。「ユダヤ人は、ほんとうのことをわたしに話さないだろう。だがわたしはこの王が生れる町、また、その時をきっと見つけ出そう。ユダヤ人がいくら赤ん坊をかくしても、かならずつかまえて見せる。赤ん坊という赤ん坊を手あたりしだいに殺して、その新しい王というやつがけっしてのがれられないようにしてやろう」。こう考えてかれは学者たちを呼んで、「キリストはどこで生れるはずか」とたずねたのでした。たぶん王にさからうのがこわかったからでしょう、学者たちは「預言者ミカによれば、ベツレヘムということになっております」と答えました。

どうして星はマギたちが聖書を参照するまでもなく、まっすぐベツレヘムに導かなかったのでしょうか？　それは神さまがわたしたちに、自分自身のあさはかな考えに頼らず、ただみことばに従うべきだということを教えたいと思われたからでした。

博士たち

博士たちの礼拝

アルブレヒト・デューラー
(1471–1528)

屋根の上の小天使に気づいているのは，ろばだけらしい．三人目の博士は黒人．建物はやはりロマネスク式．

「そこで、ヘロデはひそかに博士たちをよんで、星のあらわれた時についてくわしく聞き、かれらをベツレヘムにつかわして言った。『行ってそのおさなごのことをくわしく調べ、見つかったらわたしに知らせてくれ。わたしもおがみに行くから』」。

ここを読んでみると、博士たちが、わたしたちの時代の教授や牧師のような尊敬すべき人たちではありますが、とりたてて身分の高い人々というわけではなかったというこ とがわかります。ヘロデはかれらに、ベツレヘムに行ってその赤ん坊が見つかったらすぐ知らせてくれと、まるで臣下にでもいうように命令しています。王侯が相手だったら、こんな言いかたはしないでしょう。まず王宮の食事にまねき、礼をつくして同行するでしょう。どの歴史の本にも、ヘロデは宮廷の礼儀をよくわきまえている如才《じょさい》のない人物であったとしるされています。ひそかによびよせたというのですから、博士たちの身分は高くはなかったのでしょう。どうしてこっそりよんだのでしょうか？　ユダヤ全国がヘロデのもの、かれの支配下にあったはずではありませんか？　ヘロデはユダヤ人がかれをにくんでいることを知っていました。もしもこの謁見《えつけん》がおおやけにされれば、ユダヤ人はきっと博士たちを説いてまちがった情報を提供させ、この結果、新しい王はまんまと逃げおおせてしまうかも知れません。ヘロデが星のあらわれた時についてくわしく問いただしたのは、おさなごを手あたりしだいに虐殺しようという決意をすでにかためていたからでした。かれはひそかに考えました。「新しい王が生れたら、ユダヤ人はきっと大喜びするだろう。大きくなるまでそいつをかくまっておき、成長したあかつきにこれをもりたてて、わたしを殺すだろう。だからユダヤ人をだしぬいて、ここは一つ、博士たちを問いつめてみよう。ユダヤ人がいくらかくまおうとしても、子どもをかたっぱしから殺してしまえば、のがす気づかいはない」。このわるがしこい決心を実行にうつすために、ヘロデはまずいかにもへりくだってうやうやしく、自分も新しい王をおがみたいと一心にかられているというふりをして、マギたちにもちかけたのでした。

「かれらは王の言うことを聞いて出かけると、見よ、かれらが東方で見た星が、かれらより先に進んで、おさなごのいるところまで行き、その上にとどまった。かれらはその星を見て、ひじょうな喜びにあふれた」。

博士たちは預言者ミカの言葉を信じました。新しい王がエルサレムで生れなかったという事実につまずきませんでした。かれらは神殿をあとにして、牛小屋におもむいたのです。

わたしがもしその場にいあわせたら、神殿にとどまって、「ここは神のお住居だ、み子がもしこの世にお生れになるとしたら、祭司たちがあつまって神におつかえするここをおいてほかにどんな場所があろう?」と言ったにちがいありません。この異教徒《いきょうと》たちの信仰から、わたしたちは多くを学ぶことができます。エルサレムの都から小さなベツレヘムへと行くさきがかわっても、つまずかなかったこの博士たちから。かれらはみことばにしたがいました。神はふたたび星をかがやかせ、かれらを力づけてくださいました。星は今やベツレヘムに、みどりごの眠る牛小屋の戸口へとかれらを導きました。

福音書の記者はここにおいてまことの信仰の本質を示しているのです。かれらがまだ見ていないものをどんなに単純に信じたか、みことばにどんなにかたくよりすがっていたかを。このゆえに神はかれらをそのふるさとから引きいだし、みことばを聞くことのできる場所によび出してくださったのでした。けれども神はかれらをまずつまずかせ、とほうに暮れさせました。かれらはそのみどりごが都に生れるものと信じて、エルサレムにむかったのでした。ところが星はかれらをはなれ去りました。エルサレムの都の者は、誰一人として王様がお生れになることを知りませんでした。博士たちは、そのみどりごが王子のようにぜいたくな環境に生れると思いこんでいました。けれども、神はかれらをいつまでもあやまちのうちにとどめるようなことはなさらず、聖書を通じてかれらに、そのみどりごはおまえたちの考えているような大きな都に生れはしない、それは小さな村のできごとだと教え示して、ダビデの村ベツレヘムに導いて下さったのでした。これは博士たちにとってはつらい十字架でありました。常識はかれらに言いました。「星の示しにしたがってこんな長旅をするなんて、おろかにもほどがある。都では誰一人、そんなできごとを知らない。ベツレヘムに行けなどと人は言うが、いったい、ベツレヘムでその王を見つけ出すことができるかどうか、さてさてあやしいものだ」。

みなさんはたぶん、エルサレムの住民でかれらと同行した者がなかったのに気がついたでしょう。かれらは新しく生れた王様などには関心がなく、エルサレムに行ってみる気もなかったのです。本来なら地の果てばてからでもあつまって来るところでしょうに、その役目はよその国の者にゆだねて、暴君ヘロデをおそれるあまりにキリストをないがしろにしたのでした。

しかし、信仰は目に見えるところ、手のふれるところにかかわりなく、ひたすらにみことばによりすがります。博士たちは気おちしました。つまずきました。かれらは新しい王を見つけるという期待に燃えて、旅にのぼったのでした。それがなんのかいもなかったのです。福音書記者の「かれらはその星を見て、ひじょうな喜びにあふれた」ということばのうちに、それ以前のかれらの落胆《らくたん》のほどがありありとうかがわれます。言いかえれば、「星が見えなくなったとき、かれらはたいへん悲しく思ったが、星がふたたびあらわれたので、『やっぱりみことばは正しかったのだ。だまされたのではなかった』とうれしく思った」と書いてあるようなものです。わたしたちも同じように、みことばに固くよりすがらねばなりません。

博士たちはこうした内的な戦いを経験したのでした。預言者のことばを信じたこのころばえをよみしたもうて、神はふたたび星を送ってくださいました。最初よりもはるかによき友として。星はこんどは道案内のように、旅人のすぐ先を進みました。博士たちは今や確信にみちみちて、途中で道をたずねる必要も感じなかったのでした。はじめは星が遠くに光っているので、いったいどこに行ったら王様が見つかるのか、はっきりした確信がもてませんでした。クリスチャンの場合もつねにおなじです。霊的な戦いをへた人には神はいかにも身近に、たしかに感じられますので、苦しみも戦いもあとかたなく忘れられるだけでなく、むしろしたわしくさえ思われるようになるのです。かれは強い者となって、もはやキリストの外見のひくさ、いやしさにつまずかなくなります。キリストを見いだそうと望む者は、あの博士たちが星を見失ったときに感じたように、ただ汚辱《おじょく》のみを見いだす覚悟でいなければならない、こうさとるようになるのです。星がふたたび見えだしたときに博士たちが示した喜びはまた、かれらのおどろきをものがたっています。苦しい戦いを通じてかれらは喜ばしい新生を経験し、もはや二度とキリストにつまずかなくなったのでした。

「そして家にはいって、母マリアのそばにいるおさなごに会い、ひれふしておがみ、また宝の箱をあけて、黄金《おうごん》、乳香《にゅうこう》、没薬《もつやく》などの贈りものをささげた」。

かれらの目にうつったのは、軒のかたむいたあばらやであり、みすぼらしい赤ん坊と、おなじくみすぼらしいその若い母親でありました。およそ王者にふさわしからぬ、博士たち自身の召使よりもっと貧しい人々でした。けれども博士たちはひるむことなく、大いなる信仰をもちつづけ、常識にもとづくすべてのためらいをかなぐりすてて、預言者のことばと星の示しにひたすらしたがい、そのみどりごを王として受けいれました。ひざまずいてかれを拝し、たずさえて来た宝ものをかれにささげました。世の人はそんなことをしないでしょう。ビロードのクッションをしき、多くの召使にかしずかれているみどりごを期待するでしょう。世の人は、富める者にむかってさらに多くをささげます。そしてその人々をうるおすために、うえた者の手から、かれらが汗水たらしてやっと手にいれた、わずかばかりのパンをもぎとるのです。

わたしたちクリスチャンが三人の博士の例にならおうと思うなら、この世の注意をひくすべてのものに目をとじて、むしろ軽蔑されているおろかなものに心をとめ、貧しいものを助け、軽んじられているものをなぐさめ、なやんでいる隣りびとをいたわらなければなりません。教会を建てたとか、ミサをあげたとかいうようなことを誇りとしてはなりません。神さまはおっしゃるでしょう、「わたしにとってミサや教会がなんだろう？　おまえたちの祭壇《さいだん》や鐘を、なんでわたしが心にかけよう？　石や木で作ったものをわたしがよろこぶだろうか？　天はわたしの座、地はわたしの足台ではないか？　教会を建てろなどと、誰がおまえたちに命じたのだ？　わたしはおまえたちの前に霊の宮をうちたてた。おまえたちもこれを建て、つちかい、育てなくてはならない。それなのにおまえたちは、わたしが言いつけもしなかったばかげたことをやっている。わたしはおまえたちを知らない」と。

ですから、わたしたちは博士たちがこのみどりごとその両親の見るかげもないありさまにつまずかなかったという事実に心をとめて、隣りびとの外見のみすぼらしさにつまずくことなく、かれのうちにキリストをみとめるようにしたいと思います。キリストの御国は、しいたげられ、悲惨な境遇にあえぎ、聖《きよ》き十字架を負うている、この世ではとるに足らない人々のうちに見いだされるのですから。それ以外のところにキリストを求める人は、ついぞかれにめぐり会うことができないでしょう。博士たちは、キリストをヘロデの宮廷や祭司の長《おさ》たちの家でなく、エルサレムの都でなく、ベツレヘムの牛小屋に、いやしい人々の間に、マリアとヨセフのところに見いだしたのでした。一番思いがけないところに見つけたのでした。

「黄金《おうごん》、乳香《にゅうこう》、没薬《もつやく》などのおくりものをささげた」。

香《こう》は活きた信仰の告白です。これによってわたしたちはもっているもののすべて、あるがままのわたしたちのすべてを神にささげるのです。博士たちはこのおくりものをささげるために長い旅をしました。霊的な意味でわたしたちも、すみやかに、そしてやすやすと、おくりものを主のもとにもたらすことができます。黄金のおくりものとは、キリストを王として告白するということです。自尊心をすて、理性とよき意図《いと》の命ずるところもさておいて、己《おの》が身をおろかな、はだかの者、支配を待ちもうける者としてささげるのです。従順の子らはすなおです。よろこんでその王を受けいれます。すべてのものを、あげてキリストにささげます。一方、王にさからい立つ救いがたい人々は、さわぎ立ち、怒り狂い、あらそい、つぶやき、神の名をけがします。こうしてわたしたちは、香が信仰の象徴であり、黄金が希望であるということを知るのです。信仰は、すべてのものは神のもの、神のものたるべきものと信じます。希望は信仰の信ずるところを受けいれます。没薬《もつやく》は愛です。信仰はわたしたちが讃美と感謝をもってすべてを神に帰するように、わたしたちを自己からひきはなします。希望は、わたしたちがいきどおることなく、忍耐をもってすべてにたえるように、わたしたちの思いを他人に対する心づかいでみたします。愛はわたしたちが財産その他、神をよそにしたすべてのものを願わずに、ただおのが身を神の喜びたもうところにまったくゆだねるように、わたしどもを創造のはじめのようなむなしい姿に変えてくれます。これこそ、わたしたちをもっともすみやかに生命《いのち》に至らしめる十字架の道です。

わたしたちもまた、主のおっしゃったような意味においておくりものをささげることができるのです。「わたしの兄弟であるこれらのもっとも小さい者のひとりにしたのは、すなわちわたしにしたのである」と主は言われました。貧しい人々を助け、その子らを学校に送り、みことばの宣教者たらしむべくこれを教育するために自分の富をささげる人は、おさなごイエスにおくりものをささげているのです。イエスはただ貧しい境遇に生れたもうたばかりでなく、ヘロデの迫害をうけて、生後ただちに国外にのがれなければならなかったのです。エジプトへの旅の途中で、博士たちのおくりものはさぞかし役に立ったことでしょう。今日のわたしたちもまた、迫害になやむ人々を忘れてはなりません。

宮もうで

エジプト行き

アルブレヒト・デューラー
(1471-1528)

雄牛はどうやら自分から進んで聖家族の用をつとめたらしい．雲の上に小天使たちの顔が見える．ゆたかにおいしげった木々に注目してほしい．

マタイによる福音書とルカによる福音書の記述の相違を、どう考えたらいいでしょうか。ルカはヨセフとマリアがナザレに帰ったと書いていますが、マタイによる福音書にはエジプトに行ったと記されています。しかしいずれにせよ、一家はみどりごに割礼《かつれい》を受けさせるために、少なくとも六週間はエルサレムにとどまったに相違ありません。これより早く出立することは、おきてによって禁じられていたのですから。

ユダヤ人の習慣にしたがって、マリアはイエスを祭司に見せようと、生後四十日のときに神殿につれて行きました。ここでシメオンという老人が、「おさなごを腕にいだき、神をほめたたえて言った」のです。「主よ、今こそあなたはみことばのとおりに、このしもべを安らかに去らせてくださいます。わたしの目があなたの救いを見たのですから。この救いはあなたが万民の前におそなえになったもので、異邦人《いほうじん》を照す啓示《けいじ》の光、み民イスラエルの栄光であります」と。

マリアはこうしたことがまず天使たちによって、次に羊かいたちによって、そして今またここにシメオンによって語られるのを聞いて、たいへんおどろきました。ヨセフとマリアのようないやしい身分の人々がそのようなおさなごの両親となるとは、実におどろくべきことでありました！　これが祭司の長《おさ》や王侯のむすこのことだとしたら、それほどふしぎではなかったでしょう。シメオンはおさなごを腕にいだきとって、かれこそ救い主、異邦人の光、イスラエルの光栄であるといいました。マリアは心底《しんそこ》からおどろきました。わたしたちはかの女が人間らしい女性であって、なに一つ知らず、なに一つ理解しなかったことを思いおこさねばなりません。このたびのできごとは、かの女にとっては信じかねるようなことばかりでした。それにもかかわらず、かの女は信じたのです。わたしどももみな、このように信じなくてはなりません。

わたしはさきに、イエスの名は「ふしぎ」という意味だと申しました。イエスは、はじめはごく小さく、おいそだって大きくしげるからしだねのようです。人の軽しめるものは、神のみ前に偉大です。このことはわたしたちに、たとえこの世がわたしたちに背を向けても、望みをうしなってはいけない、神が目をそむけたもうたなどといってはいけないと教えるのです。神のおどろくべき御力は、理性では測りしれないのです。死のただなかに生があるということ、愚かさのただなかにかしこさを見いだすということは、実におどろくべきことです。わたしたちも勇気をふるいおこしましょう。人にかえりみられない貧しい娘のうんだ赤ん坊が全世界の王となりたもうとは、なんとおどろくべきことではありませんか！ それは、およそ理性に反します。おどろきは信仰をもたらします。信じない者は、理解することも、知ることも、見ることもできません。理解した者はおどろかずにはいられません。

「シメオンはかれらを祝し、そして母マリアに言った。『ごらんなさい、このおさなごはイスラエルの多くの人を倒れさせたり立ちあがらせたりするために、また反対を受けるしるしとして定められています――そしてあなた自身もつるぎで胸をさしつらぬかれるでしょう――それは多くの人の心にある思いがあらわれるようになるためです』」。

福音書はつたえます――シメオンは聖《きよ》き母を祝福し、そのみどりごが多くのイスラエルの人々を倒れさせ、また立ちあがらせること、かれ自身がついに一つのしるしとなってこの世の反対を受けること、かつまた多くの人の心の思いがあきらかになるように、つるぎがマリアの胸をさしつらぬくことなどを預言しました。シメオンのことばは、多くの群集がキリストからはなれ去るのを見ても、わたしたちがなおかつ望みを失うことがないように、とくにここに記されているのです。もしこのことが前もって告げられていなかったら、わたしたちにとってはたえがたいショックだったでしょう。シメオンが「倒れる」ということについて、また「つるぎ」について語っているのはまるで、「マリアよ、あなたは一人の子を生みました。けれどもこの世と肉と悪魔はかれにさからい立つでしょう」と言っているようなものです。子どもを産みおとしてわずか六週間という若い母親に対するものとしては、なんというきびしいことばでしょう。シメオンはマリアに、おまえのむすこはこの世の反対を受けるしるしであると告げ知らせているのです。かれはまず御子を祝し、その受くべき苦しみを語り、すべてのものがかれにさからいたつとまで申しました。この言葉はつるぎのようにマリアの胸をさしつらぬきました。こういったことが預言者によってあらかじめ一貫してはっきりのべられていなかったならば、このショックにたえうるクリスチャンはいなかったでしょう。わたしたちの間に荒れくるう悪意も見るにたえないものでしょうが、福音がかくまで軽《かろ》んじられているのを見て、だれが平気でいられるでしょうか？　なぜ、人は福音《ふくいん》のために迫害され、殺されるのでしょうか？　このおさなごがいったいどんな悪いことをしたというのでしょう？　かれは言います。「わたしの父はあなたがたにめぐみを与え、死と罪と地獄から救うでしょう」と。それなのに人間はかれをふみにじり、のろわれたものとして十字架にかけたのでした。神があくまでも忍耐強く慈悲《じひ》のみ手をさしのべておいでになるのに、人間が神をのろい、悪魔に祈るとは。

神は人間にこの御子をおあたえになりました。しかしこの御子はかれらにとっては、つまずきの石、怒りのしるしでありました。聖書によれば、マリアとヨセフがイエスをだいて神殿に行ったときには、人口の多いエルサレムからの参詣人《さんけいにん》はただ二人だけだったのです。二万人からいるエルサレムの住民のうちからその場にいあわせたのがシメオンだけとはなんという情ないことでしょう！　祭司たちは規定の五グロッシェンをふところにおさめてしまうと、もう御子になんの注意もはらいませんでした。はずかしいことではありませんか？　少なくともエルサレムに住む人々の半分が、全世界の王にお目にかかりに来るはずのところではありませんか？　しかし、なんの見ばえもしない親子にこれといって注意をはらうものはなく、ただマリアとヨセフだけがイエスをつれて神殿にもうでたのでした。あたりにいあわせたのは、シメオンとアンナだけでありました。

今日の世界でも同じです。クリスチャンの間においてすらも。トルコ人やユダヤ人、暴虐《ぼうぎゃく》きわまりない王侯ならいざ知らず、わたしたちクリスチャンがかれを軽しめているのです。法王、監督、狂信者、農民、市民、貴族、みなかれを足の下にふみにじっているのです。わたしもその例外ではありません。わたしは今なおじゅうぶんにかれを信ずることができないでおります。かれはわたしの真の友人、慰《なぐさ》め手であるはずですのに、わたしのうちにひそむ「おいぼれろばのようなかたくなさ」がこれを承知せず、悪魔がこれを煽《あお》りたてているのです。わたしの心もこの世界同様にけがれております。まことにかれは反対を受けるしるしであります。

イスラエルのうちに「倒れ」る者があるとは、じつにおどろくべきことばではありませんか。モアブやアジア、エジプト、ローマならいざ知らず、御子をあたえられたその民のうちに。福音をあたえられた人々、洗礼を受けた者たち、クリスチャンが人の子をののしるだろうというのです。わたしたちはトルコ人が聖地に侵入し、教会を馬やらくだに踏みにじらせたと言って非難いたします。聖地においてなされるのでないかぎり、掠奪《りゃくだつ》など問題ではないというのですか？「しかし、わたしたちは教会や祭壇をけがすようなことはしていません」とあなたがたは言うかもしれない。そのとおり。しかし、洗礼とキリストの教えがふみにじられ、その罪なき子らが殺されているのですよ、これは掠奪どころのさわぎではありません。神の宮をうちこぼつにもひとしいわざです。こうした悪魔にくらべれば、トルコ人はまるで天使です。トルコ人のこわすのは手で作った宮だけです。あなたがたは魂を殺すのですから。

今日の農民や市民や貴族の間にみられるような悪心が人の心に巣食《すく》っていようとは、わたしはゆめにも思わなかったのでした。わたしはこんなことを少しも考えずに、命を賭《か》けました。わたしは思いました。「かれらに正しい道を説こう、かれらがなわめからときはなたれるように。きっと身にしみて感じてくれるにちがいない」と。かれらの心のうちを知っていたならば、たとえ百頭の馬にひきずられても、わたしは動かなかったでしょう。わたしは説教などをはじめるようになったことをしばしば悔やみます。しかし、それは正しいことではありません。生きているかぎりわたしたちは、キリストの御名を高めるため、信ずる者を慰めるために、道を説きつづけるでしょう。いくらこの世が黄金と富を求めておどりくるおうとも。この世よ、せいぜいいばりちらすがよい、わたしはおまえをさげすみ笑おう。おまえにとってはこの福音はつまずきのしるしだろう。しかし、わたしにとっては「たちあがる」しるしなのだ。おまえの心の秘密はことごとくあきらかにされるだろう。福音は、こうした慰めをわたしたちにあたえるのです。

博士たちは、宮もうでに先だつ四十日の間に、御子を拝して帰りました。かれらに出しぬかれたヘロデは、その赤ん坊をどうしても殺そうと決心しました。かれがいまだにベツレヘムにいると考えて、その新しい王をとりにがすまいと、ヘロデは二歳以下の子どもをかたっぱしから殺してのけました。ヘロデにとっては、こういった血なまぐさい行為はこれがはじめてではありませんでした。それまでにも三年間にわたって、かれは祭司や貴族、とくにサンヘドリンの議員たちをたくさん殺しました。かれは祭司職に干渉し、マインツの大司教、ヴォルフェンビュッテルのハインツ、もしくはイギリス王のように、かってに祭司職を売りました。かれには妻とのあいだに二人のむすこがあったのですが、ついにはこの親子を三人とも処刑《しょけい》するというようなことまでやってのけたのでした。だからアウグストゥス帝は、ヘロデのむすこであるよりは豚のほうがまだましだと言ったのです。けれども、ユダヤ人はヘロデにさからわず、ダビデの血すじの王の誕生をひたすら待ちのぞんでいました。ですから、そういう王が生れたと聞きつたえたとき、ヘロデはふるえあがってしまったのでした。「これはどうもおもしろくないぞ」、こう考えてヘロデは博士たちをよび、自分もおがみたいから、その赤ん坊をさがし出してくれと命じました。かれらにうまく肩すかしを食ったとき、かれは申しました。「だが、のがしはせん」と。二歳以下の子どもがみな殺しにされることになりました。ベツレヘムばかりでなく、そのまわりの地方でも。

ヘロデの命によるベツレヘム周辺の幼児虐殺は、じつにむごたらしい所業《しょぎょう》でありました。しかし、もちろんヘロデは民がこれを暴政としてでなく、きびしくはあるが、時によって必要な非常手段と考えるようなうまい口実を見つけていたにちがいありません。この世はクリスチャンを相手にするとき、こういうことにかけてはじつにたくみです。キリストも、「あなたがたを殺す者がみな、それによって自分は神につかえているのだと思うときが来るだろう」と言われたではありませんか？　このヘロデのむすこのヘロデ・アンテパスがバプテスマのヨハネを殺したときにも、自分は名誉を重んずるものとして、いったんした約束をとりけすわけにはいかないという口実を用いました。キリストがはりつけにされたとき、ステパノが石で打たれたとき、いずれも民を煽動する者、神をけがす者としてそしられたのを思い出して下さい。聖書にはこうした例は無数にあります。ヘロデが幼児虐殺にかっこうな口実をかまえたことは、疑う余地もありません。しかし、いったいどんな理由をもうけることができたでしょうか？

あきらかに祭司たちがうまい口実を教えたにちがいありません。全エルサレムが不安に思ったと書いてあります。祭司たちは言ったでしょう、「新しい王が生れたといううわさがひろまれば、ローマ人がきっとおそいかかって来るでしょう。そうすればまたまた流血ざたです。おお、ヘロデ王よ、その子の誕生の場所の見当がついたなら、そのあたりで生れた赤ん坊を残らず殺してしまいになることです。さもなければ、この国はたちどころにほろぼされてしまうでしょう」。

かくて、イエスはかいばおけの中にいる赤ん坊のうちから、この世を不安でみたしたのでした。ヘロデは御子がかれの毒手《どくしゅ》をまぬがれることのないように、国中の赤ん坊をしらみつぶしに殺そうと決心しました。ユダヤ一国の滅亡ということを考えれば、二、三百人の父母に悲しい思いをさせるくらい大したことではないと、勝手なりくつをつけたのでしょう。博士たちが帰りに立ちよらなかったために、ヘロデは、これは自分の王位をあやうくする陰謀《いんぼう》でもたくらまれているのではないかという疑念《ぎねん》を深めました。民がこのうわさを聞けば、謀反をおこすにちがいない。しかし、政府が手っとり早く手段を講ずれば、なんとかおさえつけることもできるだろう。というわけでヘロデとその家来たちは、つるぎを取って立ちあがったのでした。しかし、ヘロデが言葉たくみに説いたので、民はかれらが治安《ちあん》の維持《いじ》にあたっているのだと思いこんだのです。

このとき、天使が夜、ヨセフにあらわれて言ったのです。起きて「逃げなさい、さあ、早く!」天使はただ「行け」と言ったのではありません。「早く逃げなさい」と告げたのです。ヨセフは目をさましました。「なにも今晩出発することはありゃしない。一、二週間、様子を見よう。妻子もつれていることだし」などと言わずに、「さあ、早く。夜の明けるのを待っているわけにはいかない、マリア、起きなさい。ここをたとう、見つからないうちに」とマリアをおこしたのでした。ヘロデの領土からのがれるには、およそ十二日間ばかり旅をしなければなりませんでした。道はどうしたらわかるだろう?

いったいどうしたらよいだろう？ ヨセフはどんなにか心配しながら、道をいそいだにちがいありません。しかし、かれは言いました。「わたしに行けと命じたもうたお方が、きっと導いてくださるだろう」と。そうして取るものも取りあえずに旅だったのでした。

このとき、キリストの身の上におこったことが、今しも福音にふりかかっているのです。しかし、ヘロデのたくらみは失敗しました。天使がゆめにあらわれて、ヨセフに警告したのです。神は、旅の費用をおぎなうに十分な高価なおくりものが、三人の博士たちによってささげられるよう、あらかじめはからっておかれたのです。マタイはかれらが「黄金、乳香、没薬」をささげたと書いております。これはすばらしいおくりものだったに相違ありません。そのおかげでヨセフとマリアは当座をしのぎ、おそらくは他の貧しい人々をもうるおしたでしょう。悪魔とヘロデ、そして祭司たちはキリストを殺すつもりでいました。しかし神はのがれる道を備えてくださったのでした。

聖家族は夜の明ける前に、ベツレヘムの町ざかいを遠くあとにしていました。町のさかいと言っても、中心からせいぜい三マイルぐらいしかはなれていなかったのではないでしょうか。

その夜、ベツレヘムの母たちはその子らにおかゆを食べさせ、ゆりかごをゆすり、心配もせずに床についたのでした。しかし、翌朝ベツレヘムの家で、子どもをうしなわなかった家は一軒もありませんでした。血にうえた猟犬のようなヘロデのゆえに、母たちは泣きました。トルコ人がわたしたちの国に侵入し、母親の胸からその子らを奪いとったように、ラケルは子らを思うて泣き、慰められることをこばんだのです。暴君によって命を奪われた子らは、祝福された殉教者として天に召されました。しかし慰められることをこばんだ両親はどうだったでしょう？　このことは、人間の霊性にくわえられるこころみであったのです。主おんみずから命をすてるために、この世においでになったのですから。しかし、悲しみに沈んでいた両親たちにはこのことが理解できなかったのでした。

あまつ空より

A
Our little Lord we give thee praise;
Thou hast deigned to take our ways,
Born of a maid a man to be
And all the an-gels sing to Thee.

おさなき主イエスよ，
みつかいとともにほめん，
おとめよりうまれ
ひととなりしきみを．

〈天使〉

あまつ空より地にくだり
うれしい知らせ、つたえましょう。
ふしぎな知らせ、よい知らせ、
おのずと歌になるでしょう。

神さまによってえらばれた
きよいおとめを母として
あなたのためにこのあした
お生れになったイエスさま。

この赤ちゃんこそ、神さまが
おつかわしになったすくいぬし、
罪のなわめをときはなち、
きよめてくださるおかたです。

人それぞれがもっている
まことの求めがみたされて
とこしえのいのちの喜びが
天をも地をも、みたすでしょう。

さあ、ごらんなさい、子どもたち、
見るかげもないかいばおけ、
かわいい赤ちゃん、いるでしょう?
世界をささえるおかたです。

〈子どもたち〉
ほんとうかしら、うれしいな!
ぼくらもいっしょに出かけよう、
だいじなお子をくださった
神さまの御名、たたえましょう。

ごらんよ、ごらん、かわいいな!
ぼくにも見せて、ちょっとだけ!
あのかわいらしい赤ちゃんは、
神さまのお子、イエスさま。

ようこそ、とうといお客様、
罪ある者を　見すてずに
身をひくくしてくだられた

イエスさま、ほんとうにありがとう！

すべてのものをつくられた
そんなに力あるかたが、
どうしてこんなかいばおけ、
ねどこになさっておいでなの？

黄金のゆりかご、玉の床、
世界がどんなに広くても
あなたのような赤ちゃんを、
お寝かせするには粗末です。

絹のしとねのかわりには、
ほし草の床、つづれぬの。
天つみくにとかわりなく
世界の王さま、ゆめまどか。

ぼくにはわかる、このように
力もほまれもうちすてて
ぼくらのようなもののため、

おくだりになったイエスさま。

ぼくのだいじなイエスさま、
あなたのおつむをのせるよう、
やわらかいまくらを置きましょう、
ぼくの心のへやのうち。

ぼくはそっとかなでましょう、
心をこめて歌いましょう、
かわいい赤ちゃん、すやすやと
眠れるような子もり歌。

〈一同〉
ひとり子をおしまずくださった
神さまの御名、たたえましょう。
天の使いも歌うでしょう、
新しい年の喜びを。

（讃美歌一〇一番はこの抄訳）

訳者あとがき

この本におさめられている七つの説教は、福音書に関するルターの説教集のうちから、ローランド・H・ベイントン博士が編訳されたものですが、クリスマスというこの喜びの季節のおとずれについてルターの言いたいと思ったすべてが、素朴なうちにもあふれこぼれるほどの感慨をこめて語りつくされております。

ベイントン博士はもとイェール大学神学部教授、教会史の泰斗で、多くの著書があり、ルターの伝記 *Here I Stand*（われここに立つ）は邦訳も出ております。毎年、神学部のクリスマス・パーティには、博士自らこの『クリスマス・ブック』の中の説教をえらんで朗読されたそうです。

ルターの聴衆は、子ども、召使、親類の人たち、学生たちといろいろな種類の人々をふくんでいたわけですから、訳文はつとめてやさしいものにいたしました。巻末の讃美歌は子どものペイジェントにふさわしい子どもらしい調子のものなので、原作をも参照して童謡風に訳してみました。

クリスマスはあくまでも神からの贈物であって、わたしたちのなしうるすべては、ただ心からこれを喜んで受けるだけである、ルターはくり返しこう説いております。わたしたちもむじゃきな子どもたちといっしょに、「どうか、こよいわたくしどものお客となりください」と、心からな思いをこめて言いたいと思うのです。

中村妙子

「新教新書」の一冊として初版（一九五八年）が出てから、いつの間にか二十五年がたってしまいました。初版のときにも、わたしは原書どおりにハードカバーの大判で出したいと思ったのですが、当時は今とちがって、大人の絵本（？）といった感じのものはどこの出版社からも出ていませんでした。

数多くの版を重ねて沢山の読者に迎えられて来た本書が、四半世紀をへて願いどおりの形になったのがまずうれしく、多少古めかしくなっていた訳文に手を入れる機会をあたえられたのがつぎにうれしく、これはわたしにとっても望外のクリスマス・プレゼントです。

内容そのものはむろん、多くの星霜に堪えるものですし、むしろこのような現代だからこそ、ひとしお感動をそそるのではないでしょうか。

とくに今年は「ルター生誕五百年」、多くの読者のお手もとに届くことを願っています。

（一九八三年九月）

訳者紹介
中村妙子（なかむら・たえこ）
1923年生まれ。東京大学文学部西洋史学科卒業。翻訳家。著書に『アガサ・クリスティーの真実』『鏡の中のクリスティー』『三本の苗木』（共著）など。クリスティ、C・S・ルイス、アン・リンドバーク、ロザムンド・ピルチャーらの多数の翻訳を手がけている。

クリスマス・ブック

改革者の言葉と木版画で読むキリストの降誕

1983年9月15日　第1版第1刷発行
2017年9月30日　第1版第4刷発行

著　者……マルティン・ルター
編　者……ローランド・H・ベイントン
訳　者……中村妙子

発行者……小林　望
発行所……株式会社新教出版社
〒162-0814 東京都新宿区新小川町 9-1
電話（代表）03 (3260) 6148
振替 00180-1-9991

印刷・製本……モリモト印刷株式会社

ISBN 978-4-400-52783-1 C1016